KLEINE AUSZEITEN IM -RHEIN-MAIN-GEBIET-

KLEINE AUSZEITEN
IM

-RHEIN-MAIN-GEBIET-

ERNST WRBA

WOCHENEND & WOHNMOBIL

CAMPING- & STELLPLÄTZE · HIGHLIGHTS · AKTIVITÄTEN

BRUCKMANN

INHALT

Der Kasteler Strand an der Bastion von Schönborn gegenüber von Mainz

ZWISCHEN KELTENWELT UND SKYLINE

Kleine Auszeiten im Rhein-Main-Gebiet

Altrheinarm im Naturschutzgebiet Kühkopf-Knoblochsaue

Zwischen Reinhessen, Rheingau, Taunus, Wetterau, Vogelsberg, Spessart und Odenwald breitet sich das Rhein-Main-Gebiet mit der Metropole Frankfurt, den Großstädten Mainz, Wiesbaden und Darmstadt und zahlreichen kleineren Städten aus, die interessanter und unterschiedlicher kaum sein könnten. Dieses Buch führt Sie zu den bekannten Tourismus-Highlights, weniger bekannten Geheimtipps und vielem Sehenswerten dazwischen. Dazu empfiehlt es die passenden Camping- und Wohnmobilstellplätze.

Das Rhein-Main-Gebiet, dessen Grenzen unterschiedlich definiert sind, erstreckt sich mit seinen rund sechs Millionen Einwohnern im Wesentlichen zwischen den Mittelgebirgen Taunus, Vogelsberg, Spessart, Odenwald und dem Rheinhessischen Hügelland. Die größte, weltweit bekannte Stadt und Zentrum der Metropolregion ist Frankfurt. Der Rhein-Main-Flughafen und der Frankfurter Hauptbahnhof gehören zu den größten ihrer Art in Europa. Trotzdem ist die Region kein klassisches Reiseland. Die meisten Urlauber konzentrieren sich auf Frankfurt und dort den Römerberg und die neue Altstadt, sowie die Klassiker Mainzer Dom, Rüdesheim und die Germania und dann geht es schon auf zur Rheinromantik. Dabei hat die Region so unendlich viel mehr zu bieten, was einen längeren Aufenthalt lohnt.

SEHENSWERTES IN 14 TOUREN

Jede Menge Superlative – also das Beste, Schönste, Interessanteste, Spannendste, Bedeutendste, Geheimnisvollste, Idyllischste und Romantischste haben wir in 14 Touren und Regionen zusammengefasst, und zwar so, dass man es an einem Wochenende erkunden und erleben kann. Im Rheingau ziehen sich die Weinberge hinauf bis zu den bewaldeten Taunushöhen, eine alte Kulturlandschaft mit dem ältesten Haus Deutschlands, Burgen, Schlössern und Klöstern. Auf der anderen Seite des Rheins liegt Bingen, wo Hildegard von Bingen gewirkt hat. An den Rheingau schließt sich die ehemalige Weltkurstadt und heutige Landeshauptstadt Wiesbaden an mit ihrer wunderschönen erhaltenen Gründerzeitarchitektur. Gegenüber des Rheins liegt die rheinland-pfälzische Landeshauptstadt Mainz, die auf eine 2000-jährige Geschichte zurückblicken kann. Nordöstlich erstreckt sich der Hochtaunus mit seinen stillen Wäldern, ein Eldorado für Wande-

Der Römerberg mit Alter Nikolaikirche und Gerechtigkeitsbrunnen

rer und Mountainbiker. An seinen Hängen liegen mittelalterliche Städte, Schlösser und Burgruinen, Täler mit Mühlen, die mondäne Kurstadt Bad Homburg und die Fachwerkstadt Butzbach. Östlich des Taunus und nördlich von Frankfurt liegt die stille Wetterau mit ihren fruchtbaren, sanft hügeligen Feldern, idyllischen Tälern und Sole- und Heilquellen, die schon die Kelten vor 2300 Jahren zu nutzen wussten. In Bad Nauheim wurde über die Quellen das Sprudelbad, die größte Jugendstilanlage Europas, gebaut. Im Osten der Wetterau schmiegen sich abgelegene Orte an die Ausläufer des Vogelsbergs. Dort hat sich Altes erhalten, wie Büdingen und die Ronneburg, wo das Mittelalter wie im Bilderbuch spürbar ist. Auf dem Glauberg verbinden sich die sensationellen Keltenfunde mit moderner Architektur. Weiter südlich begrenzen Spessart und die Ausläufer des Odenwalds, wo sich bei Groß-Umstadt ein kleines, aber feines Weinbaugebiet erhalten hat. Im Süden am Beginn der Bergstraße liegt Darmstadt mit seiner Mathildenhöhe, auf der sich vor über 100 Jahren im Zentrum des Jugendstils die Wende zur Moderne abzeichnete. Deshalb steht sie auf der Anwärterliste der Welterbestätten der UNESCO. Die benachbarte Grube Messel mit ihren Fossilienfunden hat diesen Status bereits inne. Westlich von Darmstadt ist vor vielen Jahren ein streng geschütztes Naturreservat um einen Altarm des Rheins entstanden.

IM ZENTRUM LIEGT FRANKFURT

Im Zentrum des Rhein-Main-Gebiets liegt die Metropole Frankfurt, für die allein man sicher mehr als nur ein Wochenende benötigt. In den zahlreichen Museen am Mainufer könnte man schon einen Tag zubringen. Gegenüber am Mainufer wachsen Palmen, hinter denen die spiegelnden Hochhäuser aufragen. Die City ist recht klein im Vergleich zu anderen Metropolen, sodass man sie gut zu Fuß erkunden kann. Östlich am Mainufer wartet Offenbach mit interessanten Museen, einem lebhaften Flohmarkt und grünen Parks. Mainaufwärts reihen sich bis Hanau Schlösser und Parkanlagen aneinander. Entlang des Mains zwischen Frankfurt und Mainz warten vergessene Heilquellen und die Reste einer einst weltbekannten Autorennbahn im Wald auf Entdeckung. Eine ideale Gegend für ausgedehnte Fahrradtouren ohne Steigungen durch Wälder und Felder oder an den Flüssen Main und Rhein. Im waldreichen Gebiet zwischen Frankfurt und Darmstadt kann man in endlosen Wäldern Erholung suchen und an blauen Baggerseen baden.

DER REGIONALPARK RHEINMAIN

Im weiten Umfeld um Frankfurt gibt es einen Grüngürtel mit mehr unbebauten Freiflächen als in vielen anderen Ballungsräumen. Ein Zusammenschluss der umliegenden Gemeinden mit Unterstützung des Landes Hessen und der Fraport AG gründete den sogenannten Regionalpark RheinMain. Ein 190 Kilometer langer Rundweg erschließt den Park für Radfahrer. An vielen Stationen wurden entweder vorhandene Stätten der Industriekultur angeschlossen oder Kunstwerke und Skulpturen errichtet, um den Park aufzuwerten. Insgesamt sollen im Lauf des Projekts 1000 Kilometer Wege angelegt werden. Es gibt kostenlose Karten, die man bestellen oder herunterladen kann (www.regionalpark-rheinmain.de).

INFOMATERIAL

Kostenloses touristisches Infomaterial bekommt man üblicherweise von den Fremdenverkehrsämtern und in den Tourist-Informationen vor Ort. Es lohnt sich meist, dort vorbeizuschauen oder sich vorab etwas zuschicken zu lassen. Die Adressen finden sich im Infoteil des jeweiligen Kapitels. Der Rhein-Main-Verkehrsverbund RMV bietet für Wanderer und Radfahrer

Rochusberg mit der Rochuskapelle in Bingen am Rhein

hervorragende Prospekte mit ausgearbeiteten Touren, detaillierten Karten und ausführlichen Informationen über Sehenswürdigkeiten und Einkehrmöglichkeiten an. Man kann sie kostenlos bestellen oder als PDF herunterladen unter rmv.de > Freizeit > Rhein-Main-Vergnügen. Die Touren sind so angelegt, dass man sie immer mit dem ÖPNV erreichen kann.

REGIONALE KÜCHE UND SPEZIALITÄTEN

Hessen à la carte ist eine Kooperation der hessischen Regionalküche. Rund 100 Mitgliedsbetriebe aus den unterschiedlichen Regionen Hessens bilden Deutschlands älteste regionale Qualitätsgemeinschaft. Die Internetseite bietet einen Restaurantführer: www.hessen-alacarte.de. Weingüter, Gutsausschänke und Straußwirtschaften im Rheingau, die meist auch regionale Küche anbieten, findet man unter www.rheingau.de. Frankfurt und Umgebung ist die Hochburg des Apfelweins. Dazu sollte man die Klassiker der hessischen Küche probieren wie Handkäse mit Musik, Rippchen mit Kraut oder Frankfurter Grüne Soße. Apfelweinkneipen findet man hier: www.ebbelwei-express.de. Frankfurt hat aber auch eine süße Spezialität, die es nur hier gibt: die Bethmännchen. Eine Mainzer Spezialität, die man in jeder Weinstube und am Wochenmarkt am Dom bekommt, ist »Weck, Worscht un Woi« (Brötchen, Wurst und Wein).

CAMPING- UND STELLPLÄTZE

Da das Rhein-Main-Gebiet keine klassische Urlaubsdestination ist, fällt das Angebot an Camping- und Stellplätzen nicht üppig aus. Ausgerechnet Frankfurt hat diesbezüglich kaum etwas zu bieten, Darmstadt ist auch schlecht aufgestellt. Aber Wiesbaden und Mainz haben gute Stellplätze und einen hervorragenden Campingplatz. Im Rheingau ist vor allem der Campingplatz in Rüdesheim absolut top. Der Vordertaunus hat einige Stellplätze und einen Campingplatz, die Wetterau hat hingegen überhaupt keinen Camping-, aber einige Stellplätze. Östlich von Frankfurt entlang des Mains sieht es wesentlich besser aus. Der Campingplatz Mainflingen bei Seligenstadt ist ein schöner Urlaubscampingplatz mit Badesee. Zwischen Frankfurt und Darmstadt gibt es einige Campingplätze, die vorwiegend von Dauercampern geprägt sind und mit der Geräuschkulisse von Flughafen und Autobahn leben müssen. Aber für einen kurzen Aufenthalt sind sie durchaus zu empfehlen.

◀ Altstadtgasse in Kronberg ▲ Killingerhaus in Idstein ▼ Die Theodor-Heuss-Brücke verbindet Mainz mit Wiesbaden.

UNTERHALB DER GERMANIA

An den Ufern des Rheins um Rüdesheim und Bingen

Die Wallfahrtskirche Rochuskapelle am Rande rheinhessischer Weinberge

1

Am Beginn des Mittelrheintals, wo die Nahe bei Bingen in den Rhein mündet, stehen sich der rheinhessische Rochusberg und die Weinhänge zwischen Niederwalddenkmal und Rüdesheim am Rhein gegenüber. Eine Fähre verbindet den hessischen Rheingau und das rheinland-pfälzische Rheinhessen miteinander.

Der Rüdesheimer Campingplatz ist ein idealer Ausgangspunkt, um Rüdesheim und seine Umgebung zu Fuß zu erkunden. Nach einem Bummel durch die Altstadt mit der Drosselgasse kann man durch die Weinberge zur Germania wandern oder die Seilbahn dafür nehmen. Oben wartet dann zu Füßen des Niederwalddenkmals ein fantastischer Aussichtspunkt, der jährlich Besucher aus aller Welt anlockt. Von dort kann man auf einem Spaziergang den geheimnisvollen Niederwald kennenlernen. Gegenüber des Rheins liegt Bingen mit seinem sehenswerten Kulturufer, an dem die Personen- und Fahrradfähre von Rüdesheim anlegt. Steil ragt der Rochusberg auf, gekrönt von der Rochuskapelle. Auch auf dieser Rheinseite bieten der Binger Campingplatz Hindenburgbrücke oder der nebenan liegende Wohnmobilpark gute Ausgangspunkte für die Erkundung.

MEHR ALS NUR DIE DROSSELGASSE

Wenn man vom Campingplatz Rüdesheim an der Uferpromenade flussabwärts geht, erreicht man über einen Bahnübergang die Rheinstraße, hinter der die Altstadt liegt. Rechts ragt direkt neben den Bahngleisen stolz der **Adlerturm** auf, fast das einzige Überbleibsel der ehemaligen Stadtbefestigung. Seinen Namen erhielt er vom Gasthof, der sich in seinen Mauern befand, und in dem Goethe mehrmals Quartier bezog.
Schräg gegenüber befindet sich die **Tourist-Information**. Wenn man die Rheinstraße nach links entlanggeht, kommt man an kleinen Querstraßen vorbei, die nach rechts in die Altstadt führen. Die schmalste ist die berühmte **Drosselgasse**, die nur zwei Meter breit ist. Sie zieht jährlich etwa drei Millionen Touristen an, die sich eng an eng durch die nur 144 Meter lange Gasse schieben, staunend und bewundernd oder auf der Suche nach weinseliger Gemütlichkeit. Wer hier wirklich einkehren will, dem sei **Breuers Rüdesheimer Schloss** empfohlen, von dessen Hof aus man dem Treiben zuschauen kann.

1

In den späten 1920er-Jahren wurde das Hotel Lindenwirt eröffnet, das sich auf der östlichen Seite der Gasse befindet. Im Hof kann man sich Hotelzimmer in riesigen Weinfässern anschauen, mit eigenem Bad, versteht sich. Bei einem Bombenangriff 1944 wurden die meisten Häuser der Drosselgasse zerstört und in den 1950ern neu aufgebaut.

Am oberen Ende der Drosselgasse trifft man links auf den Brömserhof mit seinem fotogenen rot-weißen Fachwerkturm. Der Stammsitz der Familie Brömser wurde im 16. und 17. Jahrhundert von einem spätmittelalterlichen Adelssitz in ein schlossartiges Anwesen umgewandelt. Im Gewölbe des hinteren Baus sind Malereien von 1559 noch bestens erhalten. Seit 1975 ist hier Siegfrieds Mechanisches Musikkabinett beherbergt, ein äußerst interessantes Museum mit einer Sammlung von 350 selbstspielenden Musikinstrumenten, die ihresgleichen sucht.

Tipp

Etwas aus der Mode gekommen ist der **Rüdesheimer Kaffee**, den man hier aber trotzdem mal probieren sollte. Rüdesheimer Kaffee ist eine 1957 für Asbach erfundene Kaffeespezialität. In der speziellen Rüdesheimer Kaffeetasse wird Asbach Uralt mit Würfelzucker erwärmt und flambiert. Anschließend wird starker Kaffee dazugegeben, mit einer Schlagsahnehaube bedeckt und mit Schokoladenstückchen dekoriert.

Blick auf Rüdesheim mit Niederburg und Boosenburg

◀ Rüdesheimer Kaffee ▶ Drosselgasse in Rüdesheim

MITTELALTERLICHES AM RHEIN

Wenn man der Oberstraße noch ein kleines Stück weiter folgt und dann links in die Niederstraße abbiegt, erkennt man Richtung Rheinufer die Niederburg oder Brömserburg, eine der ältesten Burganlagen im Oberen Mittelrheintal. Nach wechselvoller Geschichte mit Zerstörungen im Dreißigjährigen Krieg, romantisierenden Umbauten im 19. Jahrhundert und deren Rückbau in den 1950er-Jahren beherbergt die Burg heute das 2021 wieder eröffnete Rheingauer Weinmuseum. Ein kleines Stück oberhalb erhebt sich hinter einer hohen weißen Villa der noch höhere Turm der Boosenburg oder auch Oberburg.

Zurück in der Oberstraße gelangt man zum Foltermuseum im historischen Kellergewölbe eines Hauses, interessant für Erwachsene, aber eher nicht geeignet für Kinder. Wenn man die Oberstraße weiter hinaufgeht, gelangt man schließlich zu Fuß in einer halben Stunde zur Abtei St. Hildegard. Der mächtige neobarocke Klosterbau wurde erst 1904 von Benediktinerinnen als Nachfolger der von Hildegard von Bingen gegründeten, nicht mehr existenten Klöster Rupertsberg und Eibingen bezogen. Die Abteikirche steht Besuchern von frühmorgens bis ca. 20 Uhr offen.

Das Rhein-Nahe-Eck in Bingen bietet wunderbare Ausblicke.

GERMANIA UND NIEDERWALD

In der Oberstraße befindet sich schließlich noch die Talstation der **Rüdesheimer Seilbahn**, die uns auf die Höhen des Niederwalds bringt (www.seilbahn-ruedesheim.de). Ihr Vorgänger war eine Zahnradbahn, die seit 1884 die zahlreichen Besucher zum neu eingeweihten Niederwalddenkmal brachte. Die Zerstörungen eines Bombenangriffs 1944 bedeuteten für sie das dauerhafte Ende. Die Fahrt mit der Seilbahn über die Weinberge lohnt sich alleine schon wegen der fantastischen Aussicht. In der Nähe der Bergstation befindet sich ein Besucherzentrum und daneben das moderne **Restaurant Am Niederwald**. Ein kleines Stück unterhalb steht der neu wiederaufgebaute **Niederwaldtempel**, der einen tollen Blick über das Rheintal bietet. 1788 wurde hier ein Aussichtstempel errichtet, der 1944 zerstört wurde. Erst 2006 wurde der heutige Tempel errichtet.

Von hier gelangt man nun endlich zur Germania, die das gigantische, insgesamt 38 Meter hohe **Niederwalddenkmal** krönt. Nach dem Ende des Deutsch-Französischen Krieges 1870/71 begannen die Planungen, um der Gründung des Deutschen Kaiserreichs Ausdruck zu verleihen. Bei der Einweihungsfeier hielt Kaiser Wilhelm I. eine Rede, deren letzte Worte im Donner von Salutschüssen untergingen. Damit sie nicht gänzlich verloren gingen, meißelte man sie am Treppenaufgang in den Sockel ein.

Leicht versteckt hinter der Germania wartet die Adlerwarte Niederwald mit regelmäßigen Flugtrainings. Die **Adlerwarte** ist eine private Einrichtung zur Aufzucht und Pflege verletzter Greifvögel und Eulen, die später wieder in die Freiheit entlassen werden. Ca. 35 Vögel können während der Öffnungszeiten besichtigt werden.

KURZ VOR ERREICHEN DER BERGSTATION schwebt die Bahn schräg über dem beliebten Ausflugslokal Das Rebenhaus vorbei, von dessen Terrasse man einen traumhaften Blick abseits allen Trubels über die Weinberge hat. Ein kurzer Abstecher dorthin von der Bergstation lohnt allemal. Tel. 06722/496 70 60, www.das-rebenhaus.de.

MEHRERE SPAZIER- UND WANDERWEGE führen durch den Landschaftspark Niederwald mit seinen verschiedenen Bauten der Romantik, die teils sensationelle Ausblicke auf das Obere Mittelrheintal bieten. 1764 baute der Adelige Johann Friedrich Karl Maximilian von Ostein auf der bewaldeten Anhöhe ein Jagdschloss, in dem heute ein Hotel untergebracht ist. Einige Jahre später schuf er zu Beginn der Epoche der Rheinromantik einen der frühesten romantischen Landschaftsgärten mit Bauten wie Rundtempel, Eremitage, der künstlichen Ruine Rossel, Rittersaal und Zauberhöhle.

◀ Die Germania auf dem Niederwalddenkmal ▶ Blick auf Rüdesheim von der Seilbahn aus

Lebhaftes Treiben am Binger Kulturufer

ÜBER DEN RHEIN NACH BINGEN

Um den Rhein nach Bingen zu überqueren, gibt es zwei Möglichkeiten: entweder mit der Personen- und Fahrradfähre, die von der Brücke 8 beim Adlerturm ablegt, oder mit der großen Autofähre, die am westlichen Ortsende von Rüdesheim ablegt.

Auf dem Gelände von früheren Bahn- und Industriebrachen am Rheinufer entstand das **Kulturufer**, eine lange Uferpromenade mit Themengärten, Skulpturen, Cafés und Weinprobierständen. Neben dem alten Hafen-Verladekran befindet sich im ehemaligen **Zollamtsgebäude** heute das gleichnamige Restaurant mit Bar, ein von Jung und Alt gern besuchter Treffpunkt. Kurz vor dem Ende der Promenade an der Nahemündung befindet sich das **Museum am Strom**. Der Name ist doppeldeutig, da es nicht nur am Fluss liegt, sondern sich auch im ehemaligen Elektrizitätswerk von 1898 befindet. Es bietet sehenswerte Dauer- und Sonderausstellungen über Hildegard von Bingen, die Rheinromantik und die Stadtgeschichte.

Tipp

Direkt an der Hafeneinfahrt zum Binger Hafen wurde 2020 das schicke und coole Design- und Wellnesshotel **Papa Rhein** eröffnet. Da, wo früher noch Lagerhallen im Hafengelände standen, kann man heute komfortabel übernachten. Außerdem kann man in einem topmodernen Restaurant sehr gut essen und im Wellnessbereich entspannen. Tel. 06721/350 10, www.paparheinhotel.de.

1

ZWISCHEN RHEIN UND NAHE

Ein paar Meter weiter trifft man am Rhein-Nahe-Eck auf die Nahemündung mit herrlichem Blick auf den im Fluss auf einer kleinen Insel stehenden Mäuseturm am hier beginnenden Oberen Mittelrheintal. Der Zollwachturm steht hier seit dem 14. Jahrhundert und diente dazu, die Rheinschiffer abzukassieren.

Hinter dem Mäuseturm befindet sich das Binger Loch, eine Engstelle im Rhein mit Stromschnellen, die früher die Schifffahrt vor große Herausforderungen stellte. Gegenüber auf der Rheingauer Seite ragen majestätisch die Ruinen der Burg Ehrenfels aus den Steillagen der Weinberge auf. Um 1220 ließ der Erzbischof von Mainz aus einer früheren Privatburg ein stattliches Schloss errichten. 1689 wurde es niedergebrannt. Während der Rheinromantik im 19. Jahrhundert wurde Burg Ehrenfels ein beliebtes Ausflugsziel für Reisende aus aller Welt. Auch Goethe besuchte die Burg im Jahr 1814.

Unweit des Naheufers gut 300 Meter weiter südlich ragt die imposante gotische Basilika St. Martin auf. Der romanische Vorgängerbau wurde auf den Grundmauern eines römischen Tempels errichtet. Sehenswert sind außer der romanischen Krypta aus dem 11. Jahrhundert die Thronende Madonna im Barbarabau, zwei Tonskulpturen aus dem frühen 15. Jahrhundert, ein Renaissance- und ein Barockaltar.

Der Binger Mäuseturm am Tor zum Weltkulturerbe Mittelrheintal

Die Burg Klopp erhebt sich über der Altstadt von Bingen.

AUF DEM ROCHUSBERG

Über Bingen erhebt sich der Rochusberg, ein lang gestreckter, bewaldeter Bergrücken. Über seinen Südhang ziehen sich Weinberge mit Spazierwegen, Weinlehr- und Naturlehrpfaden. Er ist zu Fuß, aber auch mit dem Auto zu erreichen. Unbedingt besichtigen sollte man die Rochuskapelle. Der heilige Rochus ist der Schutzpatron der Pestkranken. Ihm stiftete der Magistrat der Stadt Bingen 1666 nach einer Pestepidemie mit vielen Todesopfern eine Wallfahrtskapelle, die 1795 von französischen Truppen zerstört und 1814 neugotisch wiederaufgebaut wurde. Für Goethe war es »eine der schönsten Örtlichkeiten der Welt«. 150 Meter östlich errichtete man in Erinnerung des großen Frankfurter Dichters 1930/31 den Aussichtspavillon Goethe-Ruhe.

EINE AUSSICHTSREICHE RUNDWANDERUNG auf dem Höhenrücken des Rochusbergs führt auf ca. sechs bis sieben Kilometern von der Rochuskapelle über die Goethe-Ruhe zu einem weiteren Aussichtspunkt über dem östlichen Abhang. Von dort geht es weiter in westlicher Richtung entlang des Südhangs durch Weinberge, vorbei am Kräutergarten im Hildegard-Forum bis zum Kaiser-Friedrich-Turm am westlichen Ende des Rochusbergs. Ab dort geht es wieder leicht bergab entlang der bewaldeten Nordkante des Höhenrückens zurück zur Rochuskapelle.

AUF EINEN BLICK

Info

STADT/REGION: Rüdesheim und Bingen
BESTE REISEZEIT: Frühling bis Herbst
OPTIMALE REISEDAUER: 2 bis 3 Tage
TOURISTINFO: Tourist-Information Rüdesheim Tourist AG, Rheinstr. 29a, 65385 Rüdesheim am Rhein, Tel. 06722/90 61 50, touristinfo@ruedesheim.de, www.ruedesheim.de
Tourist-Information Bingen, Rheinkai 21, 55411 Bingen, Tel. 06721/184-205, -206

SEHENSWÜRDIGKEITEN

SIEGFRIEDS MECHANISCHES MUSIKKABINETT: Oberstr. 29, 65385 Rüdesheim, Tel. 06722/492 17, www.smmk.de
RHEINGAUER WEINMUSEUM: Rheinstr. 2, 65385 Rüdesheim, Tel. 06722/23 48, www.rheingauer-weinmuseum.de
FOLTERMUSEUM: Oberstr. 49–51, 65385 Rüdesheim, Tel. 06722/475 10, www.foltermuseum.com
ABTEI ST. HILDEGARD: Klosterweg 1, 65385 Rüdesheim, Tel. 06722/49 90, www.abtei-st-hildegard.de
ADLERWARTE NIEDERWALD: Zum Niederwalddenkmal, 65385 Rüdesheim, Tel. 06722/473 39, www.adlerwarte-niederwald.de
MUSEUM AM STROM: Museumstr. 3, 55411 Bingen, Tel. 06721/18 43 53, www.bingen.de/kultur/museum-am-strom

CAMPINGPLATZ RÜDESHEIM

ADRESSE: Europastr. 7, 65385 Rüdesheim am Rhein, Tel. 06722/25 28, info@campingplatz-ruedesheim.de, campingplatz-ruedesheim.de
ANFAHRT: Aus Richtung Osten über die B 42 am Ortseingang nicht die erste Abzweigung nach der Eisenbahnbrücke nach links nehmen, sondern nach einem Gewerbegebiet vor der nächsten Eisenbahnbrücke links abbiegen und der Beschilderung folgen.
GPS: 49.97778, 7.93748

AUF EINEN BLICK

Ein wunderschöner Campingplatz ohne Dauercamper, großenteils mit altem Schatten spendendem Baumbestand, sehr ruhige Lage direkt am Rheinufer, getrennt durch einen Zaun und den Uferweg. Moderne, komplett und komfortabel ausgestattete Sanitäranlagen. Kiosk und Brötchenservice. In unmittelbarer Nachbarschaft liegt das Asbach-Bad, ein Freibad mit großer Liegewiese und großem Schwimmbecken, 5-Meter-Sprungturm, Strömungskanal. Zwei Bodeneinlässe für Entsorgung Grauwasser im Bereich der Ein- und Ausfahrt. Geöffnet von Mitte April bis Mitte Oktober.

CAMPINGPLATZ HINDENBURGBRÜCKE

ADRESSE: Mainzer Str. 199, 55411 Bingen-Kempten,
Tel. 06721/171 60, bauer@bauer-schorsch.de, www.bauer-schorsch.de
ANFAHRT: A 60 Ausfahrt 13 Bingen-Ost, Richtung Bingen. Von der Mainzer Straße Richtung Stadtmitte 700 Meter westlich des Campingplatzes rechts abbiegen und auf einer Brücke die Bahngleise überqueren und der Beschilderung folgen. Bei Anreise mit der Rheinfähre von Rüdesheim links fahren Richtung Autobahn und an der nächsten Abzweigung links über Brücke die Bahngleise überqueren.
GPS: 49.96933, 7.93871

Der gepflegte Campingplatz Rüdesheim mit moderner Sanitäranlage

◀ Naturnaher Stellplatz in Bingen ▶ Rochuskapelle

Ebenes, parzelliertes Wiesengelände mit 100 relativ kleinen Stellplätzen für Urlauber, teilweise beschattet durch Bäume. Zwischen Rhein und Bahnlinie gelegen. Ca. zwei Kilometer nach Bingen zum Kulturufer und 2,5 Kilometer zur Stadtmitte. Imbiss mit Biergarten am Rheinufer. Direkt am Rheinradweg gelegen. Neue Sanitäranlagen, Servicestation für Wohnmobile. Ganzjährig geöffnet.

WOHNMOBILPARK BINGEN

ADRESSE: Außerhalb 11, 55411 Bingen-Gaulsheim, Tel. 06721/15 34 21, info@wohnmobilpark-bingen.de, www.wohnmobilpark-bingen.de
ANFAHRT: A 60 Ausfahrt 13 Bingen-Ost, Richtung Bingen. Nach 1,3 Kilometern rechts abbiegen (beschildert), nach 200 Metern scharf links abbiegen.
GPS: 49.96862, 7.94415
Schöner, von Bäumen umgebener Wohnmobil-Stellplatz mit viel Grün zwischen Rheinauen (Naturschutzgebiet) und Bahnlinie. WLAN und Brötchenservice. 40 relativ großzügig bemessene Stellplätze mit Rasenpflastersteinen auf Wiese, für Dickschiffe geeignet. Alle mit Stromanschluss, zehn Stellplätze mit Frischwasseranschlüssen, 30 Stellplätze mit kombinierten Frisch- und Grauwasseranschlüssen. Entsorgung Toilette und Bodeneinlass für Entsorgung Grauwasser im Bereich der Ein- und Ausfahrt. Bushaltestelle in 150 Meter und Bahnhof Bingen-Gaulsheim in 500 Meter Entfernung. Rheinradweg führt direkt am Platz vorbei. Reservierung möglich, ganzjährig geöffnet.

Gleich nach der Brücke befindet sich links am Rheinufer ein geschotterter, kostenloser Parkplatz, der gerne von Wohnmobilen zum Parken und auch als Stellplatz genutzt wird. GPS: 49.97049, 7.93067.

RIESLING UND KULTUR

Im Rheingau zwischen Eltville und Geisenheim

Mittelalterlicher Wohnturm von Schloss Vollrads

Der Rheingau zwischen dem Taunus und dem Rhein westlich von Wiesbaden ist eine uralte und reiche Kulturlandschaft. Fachwerkorte, Burgen, Schlösser und Klöster, berühmte und unbekannte, liegen in den Weinbergen, die die feinsten Rieslinge hervorbringen, zwischen bewaldeten Bergen und dem Rhein.

Aus dem Mittelalter sind noch zahlreiche Bauten erhalten wie die Kurfürstliche Burg in Eltville, Kloster Eberbach und das Graue Haus in Oestrich-Winkel. In späteren Jahrhunderten entstanden prächtige Höfe und Schlösser wie Johannisberg und Vollrads, die fast alle Weine produzieren. Heute gibt es hier in einem der kleinsten Weinanbaugebiete Deutschlands 587 Weinbaubetriebe. Entlang des Rheins und auch in höheren Lagen findet man kleine Orte und Städtchen mit malerischem Fachwerk und schnuckeligen Gässchen.

ELTVILLE – WEIN-, SEKT- UND ROSENSTADT

Älteste und größte Stadt im Rheingau ist Eltville. Seit dem Mittelalter haben die Mainzer Erzbischöfe ein Auge auf die Stadt am anderen Rheinufer. Bis Ende des 15. Jahrhunderts diente die kurfürstliche Burg den Mainzer Erzbischöfen und Kurfürsten als bevorzugter Aufenthaltsort. Heute beherbergt der Burgturm im Erdgeschoss die Tourist-Information. In der Grafenkammer im ersten Stock beeindrucken Wandmalereien aus dem 14. Jahrhundert. Eine Etage höher erinnert die Gutenberg-Ausstellung an den Erfinder der Buchdruckkunst.
Warum sich Eltville auch Rosenstadt nennt, wird im Burggraben klar. Dort und an der Uferpromenade blühen 350 Sorten an 22 000 Rosenstöcken. Gleich neben der Kurfürstlichen Burg flussaufwärts außerhalb der früheren Stadtmauer befindet sich die Burg Crass. Sie gilt als ältestes Gebäude der Stadt. 1873 übernahm die Familie Crass das neugotisch umgestaltete Anwesen und eröffnete im Burghaus die Gaststätte Burg Crass.
In Eltville an der schönen Promenade gibt es ebenfalls einen wunderschön gelegenen Weinprobierstand, an dem man sich unter Platanen niederlassen kann. Nun sollte man durch die Gassen der Altstadt bummeln mit ihren Kopfsteinpflastergassen, Fachwerkhäusern und mittelalterlichen Höfen. Im **Hof Bechtermünz** hat heute das Weingut Koegler seinen Sitz. Kurz nach

2

Erscheinen der Gutenberg-Bibel druckten hier die Brüder Bechtermünz das erste deutsch-lateinische Wörterbuch. Im stilvollen Gutsauschank mit Gastgarten im Hof des Anwesens kann man sehr gut essen und die exzellenten Weine des Hauses probieren (www.weingut-koegler.de). Direkt gegenüber in der Ellenbogengasse liegt der prächtige Stockheimer Hof, in dem bis 2018 das Weingut Langwerther Hof seine traditionsreichen Weine produzierte.

Ganz in der Nähe wartet die Pfarrkirche St. Peter und Paul auf einen Besuch. Die unsymmetrische gotische Hallenkirche wurde zwischen 1350 und 1440 erbaut. Die Wandmalereien stammen aus dem 15. und 16. Jahrhundert. Das kostbare achteckige Taufbecken von 1517 stammt aus einer Mainzer Werkstatt.

Tipp

Jeden Samstag von Frühling bis Herbst startet am Gelben Haus (Burghofstraße Ecke Burgstraße, eine Minute von der Tourist-Info entfernt) eine **Führung** durch die historische Altstadt. Die Tickets kauft man am Tag der Führung in der Tourist-Information in der Kurfürstlichen Burg. Burgstr. 1, 65343 Eltville, Tel. 06123/812 99, www.eltville.de.

◀ In der Altstadt von Eltville ▶ Weingut Koegler in Eltville

Abendstimmung am Rheinufer in Eltville

AUF DEM LEINPFAD AM UFER unterhalb der Burg flussaufwärts kann man einen wunderschönen Spaziergang mit traumhaften Villen am Berghang und üppiger Vegetation mit knorrigen Weiden am Flussufer machen, der nach fast drei Kilometern an der Uferpromenade von Walluf endet. Dort sollte man sich am Weinprobierstand eine Pause gönnen.

Tipp

Jedes Jahr am ersten Juliwochenende findet in Eltville das große **Sektfest** statt, ein schönes Sommerfest mit Feuerwerk. Am Festsonntag gibt es einen Biedermeierumzug, dessen Teilnehmer alle in prächtigen Kostümen der Epoche durch die Stadt ziehen. Gutenbergstr. 13, 65343 Eltville, Tel. 06123/909 80.

AM RHEIN ENTLANG

Wenn man am westlichen Ortsende Eltville verlässt, erreicht man bald den netten Ortskern von Erbach. An dessen Ende am Rande der Weinberge erhebt sich leicht erhöht die weiße, gotische Hallenkirche St. Markus. Gegenüber zwischen Hauptstraße und Rhein liegt das große Anwesen von Schloss Reinhartshausen. Das Weingut hat eine Vinothek, in der auch Speisen serviert werden. Außerdem bietet es Führungen durch die historischen Weinkeller an. Teile des Schlossen dienten lange als Luxushotel und wurden dafür baulich verändert und erweitert. Heute ist es ein reines Tagungshotel.

▲ Weinberge in Johannisberg ◀ Weinlage bei Schloss Vollrads
▶ Riesling ist die meistangebaute Rebsorte im Rheingau.

Folgt man der alten Hauptstraße weiter, erreicht man Hattenheim. Man parkt am besten am Rheinufer beim Weinprobierstand und geht zu Fuß von dort die wenigen Meter in die Ortsmitte. Gleich links liegt die romantische Bilderbuchvilla Kronenschlösschen. Sie beherbergt ein Hotel und Gourmetrestaurant, letzteres mit einmaliger Jugendstileinrichtung (www.kronenschloesschen.de). Durch die schmale Schlossgasse trifft man auf die Hauptstraße, an die sich gleich links der kleine Marktplatz mit seinen wunderschönen Fachwerkhäusern anschließt. An seiner Stirnseite wird er mit dem historischen Hotel und Restaurant Zum Krug abgeschlossen. Geht man hier rechts, trifft man am nächsten Eck auf das Weingut Georg Müller Stiftung. Im Kunstkeller dienen 1000 Quadratmeter des 250 Jahre alten Gewölbes sehr eindrucksvoll als Ausstellungsräume für zeitgenössische Kunst (Tel. 06723/20 20, www.georg-mueller-stiftung.de). Biegt man vor dem Krug links ab, steht man gleich vor dem nächsten Gourmettempel, Franz Kellers Adlerwirtschaft. Hier dinierten schon Angela Merkel und Wladimir Putin (Tel. 06723/79 82, www.franzkeller.de). Direkt gegenüber steht die Kirche St. Vincentius mit romanischem Turm und barockem Kirchenschiff.

Fährt man auf der B 42 weiter am Rhein entlang, erreicht man als Nächstes **Oestrich**. Rechts sollte man einen Blick auf das Bilderbuchensemble des Hotels Schwan werfen. Links am Rhein steht der hölzerne historische **Oestricher Kran**. Der alte Verladekran von 1744 war bis 1926 in Betrieb. In **Mittelheim** bei der Zufahrt zur Fähre nach Ingelheim, die für Wohnmobile und Campingbusse absolut tabu ist, kann man die B 42 verlassen und auf den parallelen Rheinweg fahren. Dort kommt man nach 300 Metern auf die **St. Ägidiuskirche**, deren romanischer Natursteinbau sich eindrucksvoll hinter einem Weinfeld erhebt. Die Kirche aus dem 12. Jahrhundert ist die älteste Kirche des Rheingaus.

600 Meter weiter in Winkel findet man rechts des Wegs etwas versteckt und unscheinbar das **Graue Haus**. Es ist das älteste steinerne Wohnhaus Deutschlands, das nachweislich im 11. Jahrhundert erbaut wurde. In jüngerer Geschichte stand es lange leer, brannte im 20. Jahrhundert aus, beherbergte bis 1997 ein exklusives Restaurant und steht seitdem wieder leer.

Die romanische St. Ägidiuskirche ist eine der ältesten Kirchen im Rheingau.

2

WO BRENTANO UND GOETHE SICH TRAFEN

Weiter entlang des Wegs erreicht man die Querstraße Am Lindenplatz. Hier parkt man am besten, um das **Brentanohaus** zu besuchen. 1804 kaufte die Adelsfamilie Brentano, mit der Goethe befreundet war, das Haus als Sommerresidenz. Die Einrichtung ist bei Führungen, für die man sich anmelden muss, heute noch im Original zu sehen. Vor allem das Goethe-Zimmer ist noch so erhalten, wie es der Dichter 1814 und 1815 bei seinen Rheinreisen vorfand.

Über die Bundesstraße weiter gen Westen erreicht man schließlich **Geisenheim**. Im kleinen historischen Ortskern von Geisenheim ist die **700 Jahre alte Linde** eine der drei Hauptsehenswürdigkeiten. Unter ihrem Blätterdach wurden schon im Mittelalter Rats- und Gerichtsverhandlungen abgehalten. Jung und modern wirkt das beliebte vegane Restaurant Zwei und Zwanzig in unmittelbarer Nähe. Über dem zentralen Bischof-Blum-Platz erhebt sich der **Rheingauer Dom**, eine spätgotische Hallenkirche von 1518. Das Innere der Kirche ist unbedingt einen Blick wert. Ebenfalls einen Blick wert ist die Partie hinter dem Dom, wo der Stegbach romantisch an der Kirche vorbei durch den Ort plätschert. Am Rande des historischen Ortskerns in nordöstlicher Richtung liegt **Schloss Schönborn**, ein prächtiger Adelshof von 1550.

Weinausschank beim Schwarzen Häuschen

◀ Der Rheingauer Dom in Geisenheim ▲ Weinberge beim Schwarzen Häuschen
▼ Die 700 Jahre alte Linde in Geisenheim

IM ERDGESCHOSS DES BRENTANOHAUSES hat der Winzer und Gastronom Ulrich Allendorf das Restaurant übernommen und bietet in stilvollen Räumen und im zauberhaften Garten hauseigene Weine und regionale Rheingauer Sonntagsküche mit mediterranem Einfluss an. Wenige hundert Meter entfernt am südwestlichen Ortsende betreibt er direkt am Rheinufer die stylische Location mit Strandfeeling Allendorf am Rhein, in der Wein und Fischgerichte serviert werden.

Tipp

Die Rheingauer Schlemmerwochen finden jährlich zu Beginn der Freiluftsaison statt. Über 100 Winzer und Gastronomen von Flörsheim bis Lorch öffnen zehn Tage ihre Gaststuben, Gärten, Höfe und Weinkeller, um Wein auszuschenken und kleine Gerichte anzubieten. Eine Gelegenheit, um bei Betrieben einzukehren, die keinen Gutsausschank haben. Mit dem Wohnmobil hat man den Vorteil, nach dem Weingenuss nicht mehr nach Hause fahren zu müssen. www.rheingau.de/veranstaltungen/feste/schlemmerwochen.

Hoch über den Weinbergen thront Schloss Johannisberg.

KLÖSTER UND SCHLÖSSER IN HÖHEREN LAGEN

Wenn man von Marienthal Richtung Südosten fährt, kommt man nach Johannisberg, wo 1858 der erste Eiswein geerntet wurde. Schloss Johannisberg thront mit seiner mächtigen Anlage auf einem Plateau hoch über den Weinbergen. Um 1100 wurde ein Benediktinerinnenkloster gegründet und 1717 das Schloss gebaut. Hier wurde auch 1775 zufällig die Spätlese erfunden, weil der Kurier aus Fulda, der die Erlaubnis zur Weinlese überbrachte, mehrere Wochen zu spät eintraf.

Der Weg zu Schloss Vollrads führt für den Autoverkehr über Oestrich-Winkel. Schon von Weitem sieht man das Herrenhaus und den typischen Wohnturm, den ältesten Teil der Anlage. Um 1300 herum errichtete Friedrich Greiffenclau auf einer Felseninsel umgeben von einem Wassergraben einen Wohnturm. 1684 wurden das große Herrenhaus, weitere Wirtschaftsgebäude und eine Mauer um das gesamte Anwesen errichtet. Für Besucher gibt es eine Vinothek und in der Orangerie befindet sich das Gutsrestaurant.

Eines der bedeutendsten Denkmäler mittelalterlicher Klosterarchitektur ist das von Zisterziensern gegründete Kloster Eberbach. Die Basilika wurde 1145 bis 1186 erbaut, das Laienrefektorium um 1200, das Mönchsdormitorium und der Kreuzgang um 1250. Bereits im Mittelalter erlangte das Kloster Weltgeltung durch seinen florierenden Weinhandel. Davon zeugt auch die gigantische Sammlung historischer Weinpressen. Das beeindruckende riesige Gewölbe des Dormitoriums war 1986 Drehort für den Film »Der Name der Rose« mit Sean Connery. Es werden Führungen zu verschiedenen Themen angeboten. Es gibt auch ein Hotel, ein Restaurant und neuerdings sogar einen Wohnmobil-Stellplatz für drei Mobile innerhalb der Klostermauern, den man allerdings reservieren muss (www.kloster-eberbach.de).

Die letzte Station ist das malerische Weindorf Kiedrich. Hauptsehenswürdigkeit ist die im Zentrum gelegene gotische Kirche St. Valentinus, sicher eine der schönsten im Rheingau. Sie hat ein beeindruckendes Inneres mit reicher Ausstattung, schönem Kreuzrippengewölbe und der ältesten spielbaren Orgel Deutschlands aus dem späten 15. Jahrhundert. Unmittelbar daneben befindet sich die zweigeschossige spätgotische Totenkapelle St. Michael mit einer im Raum schwebenden Madonna. Über dem Ort thronte einst die Burg Scharfenstein, von deren Ruine leider nur noch der Turm vorhanden ist. Wegen des Ausblicks lohnt aber ein Spaziergang dorthin durch die Weinberge.

EINE SEHR BELIEBTE WANDERUNG ist die über den Flötenweg von Johannisberg durch die Weinberge über Schloss Vollrads, 7,7 Kilometer bis nach Hallgarten. Eine beliebte kleine Variante ist, nur bis Schloss Vollrads zu gehen, dort Flammkuchen zu essen und den Rückweg antreten. Eine sehr schöne Pausenstation ist gleich beim Schloss Johannisberg der Weinstand beim Goetheblick, wo man in Liegestühlen mit Blick über den Rheingau Kleinigkeiten essen und Riesling trinken kann.

Das Dormitorium im Kloster Eberbach

2

MAN SOLLTE SICH NOCH DIE ZEIT für einen schönen Spaziergang nehmen, bei dem man auf drei Kilometern über romantische Pfade einmal das Klostergelände umrundet. Auf dem Weg kommt man durch Hohlwege, vorbei an alten Grenzsteinen und über eine alte Steinbrücke im romantischen Kisselbachtal. Dazu gibt es den Flyer »Rund um Kloster Eberbach«.

▲ Kreuzgang des Klosters Eberbach ◀ Historische Weinpressen im Kloster Eberbach ▶ Schloss Vollrads

AUF EINEN BLICK

Info

STADT/REGION: Rheingau
BESTE REISEZEIT: Frühling bis Herbst
OPTIMALE REISEDAUER: 2 bis 3 Tage
TOURISTINFO:
Tourist-Information im Besucherzentrum Kurfürstliche Burg, 65343 Eltville am Rhein, Tel. 06123/90 98-0, touristik@eltville.de, www.eltville.de
Tourist-Information Oestrich-Winkel, Am Brentanohaus, 65375 Oestrich-Winkel, Tel. 06723/601 28 06, touristinfo@oestrich-winkel.de, www.oestrich-winkel.de

SEHENSWÜRDIGKEITEN

GUTENBERG-AUSSTELLUNG: Kurfürstliche Burg, 65343 Eltville, Tel. 06123/90 98-0, www.eltville.de
SCHLOSS REINHARTSHAUSEN: Hauptstr. 39, 65346 Eltville-Erbach, Tel. 06123/750 48 13, www.schloss-reinhartshausen.de
BRENTANOHAUS: Am Lindenplatz 2, 65375 Oestrich-Winkel, www.brentano-haus.de
SCHLOSS JOHANNISBERG: 65366 Geisenheim-Johannisberg, Tel. 06722/700 90, www.schloss-johannisberg.de
SCHLOSS VOLLRADS: Vollradser Allee, 65375 Oestrich-Winkel, Tel. 06723/660, info@schlossvollrads.com, www.schlossvollrads.com
KLOSTER EBERBACH: Kloster-Eberbach-Str. 1, 65346 Eltville am Rhein, Tel. 06723/917 81 00, stiftung@kloster-eberbach.de, weingut@kloster-eberbach.de, www.kloster-eberbach.de

RHEINGAUCAMPING GEISENHEIM

ADRESSE: Am Campingplatz 1, 65366 Geisenheim, Tel. 06722/756 00, info@rheingaucamping.de, www.rheingaucamping.de
ANFAHRT: Am Wiesbadener Kreuz auf die A 66 Richtung Eltville, Autobahn geht in die B 42 über, ihr bis westlich von Geisenheim folgen, Ausfahrt beschildert.
GPS: 49.97962, 7.95832

AUF EINEN BLICK

Schöner lang gestreckter Campingplatz, vom Rheinufer nur getrennt durch Zaun und Rheinuferweg. Teils ebene, teils leicht geneigte Wiese, hohe Platanen am Ufer. 40 Dauercamper, 100 Stellplätze für Urlauber. Nur für Wohnmobile unter acht Meter und sechs Tonnen. Bundesstraße in Hörweite. Entfernung Altstadt Geisenheim ein Kilometer zu Fuß. Gute Ausstattung, saubere Sanitäranlagen. Guter Italiener Rhein Pavillon da Nico am Platz (www.rhein-pavillon.de). Entfernung zum Freibad Rüdesheim auf dem Fuß- und Radweg 1,5 Kilometer. Geöffnet von April bis Ende Oktober.

RHEINGAU-CAMPINGPLATZ HATTENHEIM

ADRESSE: Auweg 6, 65347 Hattenheim, Tel. 06723/28 27,
www.rheingau-campingplatz.de
ANFAHRT: Von der B 42 an der Kreuzung Hattenheim Nähe
Shell-Tankstelle zum Rhein hin abbiegen, beschildert.
GPS: 50.013211,0, 8.059253
Relativ kleiner Campingplatz auf Wiese mit drei alten Eichen mit Stammumfang von fünf bis sieben Metern, direkt am Rheinufer gelegen, getrennt durch Zaun und Rheinuferweg. 20 Dauercamper, 50 großzügige Stellplätze für Urlauber. Einfache alte Sanitäranlage, eigener Biergarten am Platz. In unmittelbarer Nähe liegen die Rheinschänke und ein beliebter Weinprobierstand.

STELLPLATZ ELTVILLE

ADRESSE: Parkplatz Weinhohle, 65343 Eltville,
Tel. 06123/909 80, www.eltville.de
ANFAHRT: Am östlichen Ende der Altstadt jenseits der Bahnlinie.
Weinhohle Ecke Sonnenbergstraße.
GPS: 50.02862, 8.12387
Stellplätze am Rande eines Parkplatzes in trostloser Umgebung zwischen Umspannwerk, Bahnlinie (auch nachts Güterzugverkehr) und Supermärkten. Kein Stromanschluss, Ver- und Entsorgung auf Pkw-Parkplatz neben den Toiletten. Der Platz nur ist zu empfehlen, wenn man abends in Eltville ausgehen will.

CAMPING IM KLOSTER

ADRESSE: Kloster Eberbach, 65346 Eltville, Tel. 06723/91 78-240, www.kloster-eberbach.de

ANFAHRT: A 66 geht in B 42 über, Ausfahrt Kiedrich, über Kiedrich zum Kloster Eberbach wie beschildert. Über den Besucherparkplatz durch das Tor bis in den hinteren Klosterhof fahren.

GPS: 50.04433, 8.04672

Drei neu im Klosterhof angelegte großzügige Wohnmobilstellplätze mit Stromanschlüssen, keine Ver- und Entsorgung. Im Klosterhotel buchen (Tel. 06723/91 78-240), EUR 20 pro Nacht. Außergewöhnliche Lage im mittelalterlichen Zisterzienserkloster mit eindrucksvoller Kulisse.

▲ Campingplatz Hattenheim mit Naturdenkmal ◀ Campingplatz Geisenheim ▶ Wohnmobilstellplatz am Kloster Eberbach

EHEMALIGE WELTKURSTADT

Wiesbaden zwischen Rhein und Taunus

Der Kranzplatz mit dem ehemaligen Palast Hotel und dem Kochbrunnen

3

In einer leichten Talsenke am Taunushang liegt die ehemalige Weltkurstadt und heutige hessische Landeshauptstadt, die dank historischer Architektur viel von ihrer Ausstrahlung behalten hat. Das heutige Wiesbaden zieht sich vom im Taunus liegenden Hausberg Platte bis nach Biebrich am Rhein.

Die ersten Siedlungsspuren im Wiesbadener Stadtgebiet sind 5000 Jahre alt. Später haben die Römer im Bereich der Quellen Thermen und eine Siedlung errichtet. Um 830 tauchte das erste Mal der Name »Wisabada« auf. Brände und Kriege zerstörten die Stadt immer wieder. 1690 hatte sie gerade mal 730 Einwohner. Danach wuchs die Stadt, die 1744 Residenzstadt wurde. Im 19. Jahrhundert entwickelte sie sich zum internationalen Kurort. Vor allem in der zweiten Hälfte des 19. Jahrhunderts setzte ein enormer Bauboom ein, in dem in der bis dahin klassizistisch geprägten Stadt historistische Gebäude wie Pilze aus dem Boden schossen. Der Kaiser kam regelmäßig während der Maifestspiele zur Kur. Um die Jahrhundertwende zählte Wiesbaden schon rund 100 000 Einwohner. Der Erste Weltkrieg bereitete der Entwicklung ein jähes Ende.

Tipp

Bester Ausgangspunkt für die Besichtigung der Stadt ist der Reisemobilhafen Wiesbaden. Will man in der Stadt parken, ist das am ehesten im Bereich der Talstation der Nerobergbahn möglich. Alternativ kann man mit etwas Glück in der Sonnenberger Straße einen Platz am Straßenrand finden und durch den Kurpark Richtung Stadtmitte spazieren. Wörther-See-Str. 29, 65187 Wiesbaden, Tel. 0172/662 70 12, reisemobilhafen-wiesbaden.de.

WIESBADENS STADTMITTE

Eine Stadtbesichtigung lässt sich gut am Hauptbahnhof Wiesbaden beginnen. Er wurde 1904 bis 1906 erbaut und ersetzte drei nebeneinanderliegende Bahnhöfe von drei verschiedenen Bahnlinien, die abgerissen wurden. Auf dem frei gewordenen Gelände wurde wenig später das Museum gebaut und gegenüber in den 60er-Jahren die Rhein-Main-Hallen, die 2018 durch das hochmoderne RheinMain CongressCenter ersetzt

▲ Der Wiesbadener Hauptbahnhof mit den Herbert- und Reisinger-Anlagen
◀ Prachtboulevard Wilhelmstraße ▶ Hessisches Staatstheater Wiesbaden

wurden. Auf dem Gelände der alten Gleisanlagen wurden hier in den 1930er-Jahren die **Herbert- und Reisinger-Anlagen** mit Rasen, Brunnen und Wasserbecken angelegt. Mit dem Bau des **Museum Wiesbaden**, der bis 1920 dauerte, begann man 1913. Da schon Goethe während seiner Kuraufenthalte auf einen Museumsbau drängte, errichtete man ihm 1919 ein Denkmal vor dem Portikus.

An der großen Kreuzung beim Museum treffen sich die beiden Prachtstraßen Rheinstraße mit einer alten Platanenallee und die Wilhelmstraße. Die **Rheinstraße** mit ihren prächtigen historischen Fassaden führt auf die **Ringkirche** mit ihrem Doppelturm zu. Diese wurde 1894 mit einem neuen Raumkonzept eröffnet, bei dem die Sitzreihen halbkreisförmig angeordnet wurden. In nördlicher Richtung erstreckt sich die **Wilhelmstraße**, Wiesbadens Prachtboulevard. Sie wurde vom Architekt und Stadtplaner Christian Zais Anfang des 19. Jahrhunderts geplant. Er entwarf auch das klassizistische weiße **Erbprinzenpalais** (Wilhelmstraße 24–26), das nach Kriegszerstörungen entkernt wurde und heute der IHK gehört. Am Anfang der Rue auf der rechten Seite mit der Adresse Wilhelmstraße 1 entsteht ein neues Museum, das **Museum Reinhard Ernst**, das ab 2022 im Wesentlichen der Privatsammlung des Stifters mit 700 Werken abstrakter Kunst einen würdigen Rahmen bietet. Hinter der nächsten Abzweigung stehen rechts vier äußerst imposante Villen. Die zweite beherbergt den Nassauischen Kunstverein und die vierte das Literaturhaus Villa Clementine. Dahinter breitet sich rechts der Wilhelmstraße der englische Landschaftsgarten Warmer Damm aus. Links gegenüber erkennt man in der Häuserreihe die schöne Fassade des 1906 erbauten ehemaligen Hotels Bellevue, das Merkmale des Jugendstils erkennen lässt. Im Bellevuesaal, dem früheren Hotelrestaurant, sind heute laufend wechselnde Kunstausstellungen zu sehen. Das Ende des Warmen Damms bildet mit der Schaufassade die Rückseite des Hessischen Staatstheaters. Der Eingang lag schon immer auf der anderen Seite an der Säulenkolonnade.

Tipp

Hinter dem Warmen Damm erstreckt sich vor allem zwischen der Bierstadter und Frankfurter Straße ein interessantes kleines Stadtgebiet mit wunderschönen historischen Villen. Wiesbaden hat nach Berlin die höchste Villendichte in ganz Deutschland.

IM KURVIERTEL

Etwas weiter oben kurz vor dem Ende der Wilhelmstraße eröffnet sich rechts der sogenannte Bowling Green mit den beiden Brunnen vor dem Kurhaus. Die Kaskadenbrunnen in den beiden Wasserbassins stammen von 1856. Schon 1826 und 1839 wurden die beiden damals offenen Kolonnaden angelegt, um trockenen Fußes bei Regen zum »Cursaal« zu gelangen. So wurde das alte klassizistische, von Zais erbaute Kurhaus genannt, das der Weltkurstadt zu klein wurde und 1907 durch das wesentlich größere ersetzt wurde. Links im Kurhaus Wiesbaden befindet sich ein wunderschönes, stilvoll holzvertäfeltes Restaurant. Dahinter im Inneren der Zaissaal und im rechten Flügel der Thierschsaal, ein Konzertsaal mit fest eingebauter Orgel. Ferner befindet sich im eleganten, holzvertäfelten ehemaligen Weinsaal das Spielcasino. Das kleine Spiel mit Automaten findet sich in den linken Kolonnaden. Hinter dem Kurhaus erstreckt sich der Kurpark mit dem Weiher. Dort kann man sich im Sommer im Biergarten niederlassen oder mit einem Ruderboot Runden um die Fontäne auf dem Kurparkweiher drehen.

3

Gegenüber des Bowling Greens in der Wilhelmstraße steht das Grand Hotel **Nassauer Hof**, dessen Fassade durch einen Bombenangriff und spätere Instandsetzung viel von ihrer Grandesse eingebüßt hat. Das zweite Oberklassehotel ist der **Schwarze Bock** am Kranzplatz. Sein Vorläufer war ein 1486 eröffnetes Badehaus. Auch heute noch hat das Badehaus im Souterrain in teils historischem Ambiente einen Spa-Bereich. Im Inneren beherbergt es das berühmte Ingelheimer Zimmer. Der **Kranzplatz** wird in erster Linie vom prächtigen Bau des ehemaligen Hotels Rose dominiert. Heute residiert hier in der **Staatskanzlei** der Ministerpräsident. Schräg gegenüber lassen Satellitenschüsseln auf den Balkonen des Palast Hotels die heutige Nutzung als sozialer Wohnungsbau erahnen. Auf dem Platz steht ein kleiner Tempel mit einem an kalten Tagen dampfenden Brunnen, der stark nach Schwefel riecht. Es ist der **Kochbrunnen**, kläglicher Rest der einst großen historistischen Trinkhalle, die von einem blumenreichen Garten umgeben war. Er fiel nicht dem Krieg, sondern der Mentalität der Nachkriegszeit zum Opfer und wurde in den 60er-Jahren abgerissen.

Am Kranzplatz beginnt die **Langgasse**, die Fußgängerzone und Einkaufsstraße Wiesbadens. Wenn man gleich zu Anfang rechts vor dem Burger

Kurhaus mit Brunnen auf dem Bowling Green

◀ Stadtschloss, Marktkirche und Rathaus ▶ Luisenplatz

King abbiegt, kommt man zum Haupteingang der Kaiser-Friedrich-Therme, einem historischen Thermalbad, das 1910 bis 1913 erbaut wurde. Auch heute noch kann man im irisch-römischen Bad in teils historischem Ambiente saunieren. Wenn man die Langgasse weitergeht und die nächste Seitenstraße rechts nimmt, läuft man direkt seitlich auf das Römertor und die Heidenmauer zu. Letztere ist das älteste Bauwerk der Stadt, das um 370 von den Römern gebaut wurde. Der Zweck ist nicht bekannt.

WENN MAN VON DER LANGGASSE EINE STRASSE ZUVOR links abzweigt, kommt man in die Goldgasse, die zum kleinen Rest der Wiesbadener Altstadt gehört. In der schmalen Gasse reiht sich ein italienisches Restaurant mit enger Bestuhlung vor den Lokalen an das andere. Wochentags bieten die meisten ein sehr günstiges Mittagsmenü an. Wenn man von der Goldgasse die zweite Gasse rechts geht, gelangt man in die Grabenstraße, in der weitere Lokale mit wesentlich mehr Platz im Außenbereich auf Gäste warten. An der nächsten Kreuzung an der Marktstraße ein Stück nach rechts kommt man zum Café Maldaner, einer Wiesbadener Institution nach dem Vorbild Wiener Kaffeehaustradition.

3

IM HISTORISCHEN ZENTRUM

Geht man die Marktstraße hinunter, kommt man unweigerlich auf den Marktplatz. Der schöne Wochenmarkt findet mittwochs und samstags auf dem Dernschen Gelände rechts hinter dem Rathaus statt. Gleich links erhebt sich das schlicht wirkende Stadtschloss Wiesbaden, 1837 bis 1841 vom Darmstädter Architekten Georg Moller erbaut. Innen entfaltet es seine ganze klassizistische Pracht. Da die historischen Räume von den Parlamentariern genutzt werden, sind nur samstags Führungen möglich. Die Backsteinkirche mit den fünf Türmen ist die Marktkirche, 1853 bis 1863 erbaut. Es lohnt ein Blick in das Innere der neugotischen Kirche. Zwischen Marktkirche und Rathaus kommt man zum Restaurant Lumen, einem modernen Bau mit sicherlich der sonnigsten Terrasse der Stadt. Sie befindet sich auf dem Dach des ehemaligen Marktkellers, in dessen Gewölbe Markt abgehalten wurde. Heute ist hier das Stadtmuseum mit einigen exemplarischen Exponaten seiner Sammlung untergebracht. Mit dem Bau eines eigenen Museumsgebäudes ist die Stadt leider überfordert. In unmittelbarer Nähe befindet sich die Tourist-Information.

Tipps

Jeden Samstag zur Marktzeit um 11.30 Uhr gibt Hans Uwe Hielscher in der Marktkirche ein kostenloses Orgelkonzert. Anschließend spielt er eine weitere halbe Stunde live Stücke auf dem Carillon, dem Glockenspiel, das weit über den gesamten Schloss- und Marktplatz hinaus zu hören ist. Marktplatz, 65183 Wiesbaden, www.marktkirche-wiesbaden.de.

Im August findet das größte Weinfest Deutschlands rund um Marktkirche, Schloss und Rathaus statt. Über 100 Rheingauer Winzer schenken an ihren Ständen Weine aus, zahlreiche Essensstände sorgen für die nötige Grundlage, während von gleich drei Bühnen Livemusik erklingt. Schlossplatz, 65183 Wiesbaden, www.wiesbaden.de.

VOM NEROTAL ZUM NEROBERG

Geht man die Wilhelmstraße hoch bis an ihr Ende, trifft man links auf die Taunusstraße mit schönen Häusern und vielen hübschen, individuellen

▲ Die historische wasserbetriebene Nerobergbahn ◀ Rundtempel auf dem Neroberg ▶ Wahrzeichen Wiesbadens ist die Russische Kirche.

Geschäften und zahlreichen Restaurants. Auch in der links parallel verlaufenden **Nerostraße** findet man viele nette kleine Lokale und Cafés. Die Taunusstraße gabelt sich schließlich in zwei Straßen, die durch das **Nerotal** führen und schöne Parkanlagen umschließen. Rechts und links an den Hängen stehen prächtige Villen. Am Ende des Parks gelangt man zur Talstation der **Nerobergbahn**, einer wasserbetriebenen Standseilbahn, die seit 1888 Fahrgäste auf den **Neroberg** bringt. Links der Strecke führt ein Fußweg in Serpentinen durch den Wald zur Bergstation.
Hier oben stand seit Ende des 19. Jahrhunderts das Neroberghotel mit Ausflugsrestaurant, das in den 1980er-Jahren abgebrannt ist. Nur noch ein Turm mit einem schönen Biergarten ist stehen geblieben. Vom **Rundtempel** hat man einen schönen Blick über das Opelbad auf die Stadt und durch eine Sichtachse auf die goldenen Kuppeln der **Russische Kirche**, die man gegen eine kleine Eintrittsgebühr besichtigen kann.

Schloss Biebrich, barocke Sommerresidenz der Nassauer Fürsten und Herzöge

BIEBRICH UND SCHIERSTEIN AM RHEIN

Direkt am Rheinufer liegt das Biebricher Schloss, eines der bedeutendsten Barockschlösser am Rhein. Es war die Residenz der Nassauischen Fürsten und späteren Herzöge von Nassau. Zwischen 1700 und 1750 wurde aus einem ursprünglich geplanten Gartenhäuschen eine dreiflügelige Schlossanlage. Hinter der rheinabgewandten Seite erstreckt sich ein ausgedehnter englischer Landschaftsgarten, der ab 1823 den Barockgarten ablöste. Hier wird jährlich das Pfingstturnier abgehalten. Im nördlichen Teil des Parks liegt die Mosburg, eine künstliche Ruine der Romantik, an einem Weiher. Auf dem Rheinuferweg erreicht man von Biebrich aus nach zwei Kilometern den Schiersteiner Hafen, der 1858 angelegt wurde. Die Hafenausfahrt ist von einer Fußgängerbrücke überspannt, die einen Spaziergang rund um den Hafen ermöglicht. An der baumbestandenen Hafenpromenade kommt wegen ihres mediterranen Flairs schnell Urlaubsatmosphäre auf. Außer zwei beliebten Eisdielen gibt es noch einige Lokale, u. a. die auf dem Wasser schwimmende Arche Noah. Im mediterranen Restaurant To Limani sitzt man auf einer erhöhten Terrasse über dem Schiersteiner Wassersportverein mit Blick auf Hafen und Boote. Auch auf der gegenüberliegenden Seite des Hafenbeckens kann man im Jachtcafé sehr gut essen und dem Treiben auf dem Wasser zuschauen.

AUF EINEN BLICK

Info

STADT/REGION: Wiesbaden
BESTE REISEZEIT: Frühling bis Herbst, ganzes Jahr möglich
OPTIMALE REISEDAUER: 2 Tage
TOURISTINFO: Marktplatz 1, 65183 Wiesbaden, Tel. 0611/17 29-930, t-info@wicm.de, www.wiesbaden.de

SEHENSWÜRDIGKEITEN

MUSEUM WIESBADEN: Friedrich-Ebert-Allee 2, 65185 Wiesbaden, Tel. 0611/335 22 50, www.museum-wiesbaden.de
MUSEUM REINHARD ERNST: Wilhelmstr. 1, 65185 Wiesbaden, www.museum-reinhard-ernst.de
NASSAUISCHER KUNSTVEREIN: Wilhelmstr. 15, 65185 Wiesbaden, Tel. 0611/30 11 36, www.kunstverein-wiesbaden.de
LITERATURHAUS VILLA CLEMENTINE: Frankfurter Str. 1, 65189 Wiesbaden, Tel. 0611/31 57 45, literaturehaus-cafe.9gg.de
HESSISCHES STAATSTHEATER: Christian-Zais-Str. 3, 65189 Wiesbaden, Tel. 0611/13 23 25, www.staatstheater-wiesbaden.de

◀ Kurhaus ▶ Das Innere der neugotischen Marktkirche

AUF EINEN BLICK

KAISER-FRIEDRICH-THERME: Langgasse 38–40, 65183 Wiesbaden, Tel. 0611/31 70 60, www.wiesbaden.de
STADTMUSEUM: Marktplatz 3, 65183 Wiesbaden, Tel. 0611/44 75 00 60, www.wiesbaden.de
BIEBRICHER SCHLOSS: Rheingaustr. 140, 65203 Wiesbaden, Tel. 0611/44 59 92 38, www.wiesbaden.de

REISEMOBILHAFEN WIESBADEN

ADRESSE: Wörther-See-Str. 29, 65187 Wiesbaden, Tel. 0172/662 70 12 oder 0173/732 95 20, www.reisemobilhafen-wiesbaden.de
ANFAHRT: A 66 Schiersteiner Kreuz Richtung Wiesbaden-Dotzheim, nächste Ausfahrt nehmen und vor der Ampel links abbiegen (U-Turn), an der Gabelung rechts halten Richtung Schierstein, nächste Ampel links abbiegen (hier beschildert).
GPS: 50.05616, 8.21084
Sehr schön angelegter und gut ausgestatteter Stellplatz mit ebenen Stellflächen mit Stromanschluss, teilweise durch Büsche getrennt, Duschen, WC, Entsorgungsstation mit Bodeneinlass hinter dem Haus, separat Frischwasser mit Münzeinwurf. Mitglied vom Verbund meinplatz.com. Platzwart ist unregelmäßig vor Ort. Sanitärräume sind über Schlüsselcode zu öffnen, den man ggf. telefonisch mitgeteilt bekommt. Anmeldung und Zahlung erfolgt bar in Umschlag. Durch die Nähe zur Autobahn ist ein gewisses Grundrauschen zu hören. In unmittelbarer Nähe befindet sich das Kalle-Freibad. Bäcker in 750 Meter Entfernung gut zu Fuß oder Rad erreichbar. Die Innenstadt ist vier Kilometer entfernt und mit dem Fahrrad oder Linienbus ohne Umsteigen zu erreichen. Der Schiersteiner Hafen ist nach 1,8 Kilometern mit dem Rad und Bus erreichbar. Der Stellplatz ist ganzjährig geöffnet, Platzreservierung möglich.

CAMPINGPLATZ MAARAUE

ADRESSE: Maaraue 48, 55246 Wiesbaden Mainz-Kostheim, Tel. 06134/257 59 22, info@campingplatz.maaraue.de, www.campingplatz-maaraue.de

▲ Der Schiersteiner Hafen mit seiner Marina ◀ Bestens ausgestatteter Reisemobilhafen ▶ Idyllisch gelegener Campingplatz Maaraue

ANFAHRT: A 671 Ausfahrt Hochheim-Süd nach Mainz-Kostheim, dort von der Hauptstraße (B 43) auf die Maaraustraße abbiegen und der Beschilderung ca. 1,6 Kilometer folgen (Google-Navigation ist ab hier fehlerhaft).
GPS: 50.00146, 8.28583
Sehr schön und ruhig im Grünen gelegener Campingplatz auf einer Halbinsel am Rhein gegenüber von Mainz. Ebenes Wiesengelände mit alten, hohen Bäumen. Durch Uferweg vom Rheinufer getrennt. 20 Dauercamper und 80 Plätze für Urlauber. Kleines Bistro mit Snacks, Frühstück auf Vorbestellung, Brötchenservice, Getränke. Saubere, ordentliche Sanitäranlage mit Standardausstattung, Ver- und Entsorgung für Wohnmobile. 700 Meter Entfernung zum Freibad Maaraue. Der Campingplatz ist von Mitte Mai bis Mitte Oktober geöffnet. Der Campingplatz Maaraue liegt zwar auf Wiesbadener Stadtgebiet, de facto aber in einem Mainzer Vorort. Entfernung zur Wiesbadener Innenstadt 19 Kilometer, 25 Minuten mit dem Auto, elf Kilometer mit dem Fahrrad.

DIE RHEINLAND-PFÄLZISCHE METROPOLE

Sehenswertes in Mainz von den Römern bis heute

Renaissance-Marktbrunnen und mittelalterlicher Dom St. Martin

Mainz als größte Stadt in Rheinland-Pfalz hat viel zu bieten: einen bedeutenden Dom, eine wunderschöne Altstadt, einen lebendigen Markt, eine Kirche mit Chagall-Fenstern, die Mainzer Fastnacht, die Rheinpromenade, tolle Museen, schöne Geschäfte, einladende Lokale und die Mainzelmännchen.

Mainz hat eine lange Geschichte. Schon zur letzten Eiszeit vor 20 000 Jahren rasteten hier Jäger. Die ersten, die sich hier niederließen, waren Kelten. 500 Jahre gehörte Mainz zum Römischen Reich. 782 wurde Mainz zum Erzbistum erhoben, 1440 erfand Gutenberg den Buchdruck, 1477 Gründung der Universität, 1885 Bau der ersten festen Rheinbrücke seit der Antike, 80-prozentige Zerstörung im Zweiten Weltkrieg, 1946 wurde Mainz Hauptstadt von Rheinland-Pfalz.

Tipp

Am Beginn der Schöfferstraße beim Dom gibt es einen ZDF-Shop mit schönen und witzigen Geschenkideen und allem Möglichen mit den Mainzelmännchen. Die begegnen einem auch an anderen ungewöhnlichen Orten. Als Ampelmännchen sieht man sie z. B. an der Großen Bleiche Höhe Neubrunnenplatz und noch unerwarteter im mittleren Chorfenster der Karmeliterkirche. Schöfferstr. 6, 55116 Mainz, zdf-shop.de.

RUND UM DEN DOM

Im historischen Zentrum steht der Dom St. Martin am Markt. Er wurde bereits 975 erbaut und ist nach dem Dom zu Speyer der älteste monumentale Kuppelbau Deutschlands. Der Innenraum mit seinen drei Schiffen besticht durch seine klaren romanischen Formen und die beiden Chöre. Sehenswert ist auch der zweistöckige Kreuzgang aus dem 15. Jahrhundert. In den daran angrenzenden Gebäuden ist das Dom- und Diözesanmuseum untergebracht. An der Außenseite zum Markt hin kleben barocke Domhäuser. Sie sind die einzigen, die den Krieg überlebt haben. Alle anderen historischen Fassaden, die den Markt so schön schmücken, sind ab 1979 wiederaufgebaut worden. Hinter einer befindet sich das ausgesprochen beliebte Café Wilma Wunder mit Balkon im ersten Stock. In einer Ecke des Marktplatzes steht der prächtig verzierte Marktbrunnen

Häuserfassaden in Mainz

von 1526, der älteste und wahrscheinlich schönste Renaissancebrunnen Deutschlands. Den Liebfrauenplatz schließt die prächtige Renaissancefassade des Palais Zum Römischen Kaiser ab, der erste große Neubau nach den Zerstörungen des Dreißigjährigen Kriegs. Zusammen mit dem dahinterliegenden Neubau ist es heute Teil des Gutenberg-Museums, das man sich keinesfalls entgehen lassen sollte. Hier sieht man, wie Gutenberg arbeitete, auch sind einige seiner gedruckten Bücher ausgestellt, die ältesten gedruckten Bibeln der Welt. Wenn man rechts des Palais Zum Römischen Kaiser durch die Rotenkopfgasse geht, stößt man auf das spätromanische Heilig-Geist-Spital. Seit 1863 dient es als Gaststätte. Der Innenraum wirkt mit seinen Gewölben wie ein Sakralbau. Ein kleines Stück weiter in derselben Richtung steht der um 1240 erbaute, rot-weiße Eisenturm etwas deplatziert zwischen Gewerbebauten und der Rheinstraße als Hauptverkehrsader. Er ist einer von drei noch existenten Toren der mittelalterlichen Stadtbefestigung. Heute beherbergt er den Kunstverein Eisenturm Mainz.

Tipp

Auf den malerischen Plätzen am Dom findet dreimal wöchentlich (Dienstag, Freitag und Samstag) einer der ältesten und wohl auch schönsten Wochenmärkte statt. Am Liebfrauenplatz gibt es das Marktfrühstück, das unzählige Menschen anzieht, die hier Weck, Worscht und Woi und die einmalige Atmosphäre genießen wollen. www.diemainzerwinzer.de.

SCHÖNSTES ALTSTADTVIERTEL

Auf der anderen Seite des Doms beginnt rund um die Augustinerstraße das schönste Stadtviertel der Mainzer Innenstadt. Es ist im Krieg von Bomben verschont worden und deshalb reich an schönen Gebäuden, romantischen Gassen und alten Fachwerkhäusern. Ein besonders malerischer Platz ist der Kirschgarten. Auf der linken Seite der Augustinerstraße fällt zwischen den Häusern die sandsteinrote barocke Fassade der Augustinerkirche auf. Das Innere der ehemaligen Klosterkirche des Bettelordens strahlt in glanzvollem Rokoko, erbaut 1768 bis 1772. Die Ausstattung der Kirche ist so reich, weil der Kurfürst keine »Bauernkirche« in seiner Stadt haben wollte. Wenn man links in die Weintorstraße abbiegt, findet man etwas versteckt das Haus zum Stein, das älteste Wohnhaus der Stadt, Wohnturm einer mittelalterlichen Patrizierfamilie. In der Kapuzinerstraße erhebt sich die hohe, mit Säulen und Statuen geschmückte schlanke Sandsteinfassade von St. Ignaz. Sie wurde zwischen 1763 und 1774 erbaut.
Ein Stück weiter trifft man auf die Rheinstraße und dort an der Kreuzung Holzhofstraße auf den imposanten Backsteinbau eines ehemaligen Lokschuppens, der das sehr interessante Museum für Antike Schifffahrt beherbergt. Nebenan ist 2021 der Neubau des Römisch-Germanischen Zentralmuseums fertiggestellt worden, in den das Museum mit seinen 200 000 Exponaten vom Kurfürstlichen Schloss umgezogen ist.

WENIGE HÄUSER WEITER SOLLTE MAN VERSUCHEN, einen Platz in der kleinen, urigen und holzvertäfelten Weinstube Zum Beichtstuhl zu bekommen. Angeblich stammt das Holz von einem Küster, der seine Zeche nicht bezahlen konnte und deshalb einen Beichtstuhl in Zahlung gab. Hier kann man u. a. die Mainzer Spezialitäten Fleischwurst, Spundekäs und Handkäs mit Musik bekommen. Kapuzinerstr. 30, 55116 Mainz, weinhaus-zum-beichtstuhl.business.site.

NOCH MEHR SEHENSWERTES

Weiter westlich in der Altstadt ragt die gotische Kirche St. Stephan aus den Häusern heraus. Sie wurde im Krieg fast völlig zerstört. Nachdem Marc Chagall die Fenster für die Kirche gestaltet hat, zieht sie jährlich 200 000

Besucher aus aller Welt an. Ein wenig weiter in nordwestlicher Richtung lohnt sich eine Besichtigung der Sektkellerei Kupferberg, die allerdings nur mit Voranmeldung möglich ist (g.bals@sektkellerei-kupferberg.de, www.restaurant-kupferberg.de).
Von hier Richtung Altstadt ist der Schillerplatz nicht weit. Monumentaler Abschluss dieses Platzes ist der 1747 bis 1752 für den Kurfürsten erbaute Osteiner Hof. In unmittelbarer Nähe steht ein weiteres Palais aus derselben Zeit, der Bassenheimer Hof. Der Fastnachtsbrunnen auf dem Platz wurde 1967 enthüllt und zeigt die typische Mainzer Lebensfreude. Ein Stück in nordwestlicher Richtung liegt das Mainzer Fastnachtsmuseum, das sich mit dem Thema Fasching ausführlich beschäftigt.
Geht man vom Schillerplatz die baumbestandene Ludwigstraße hinunter, kommt man zum Gutenbergplatz mit dem Gutenberg-Denkmal des dänischen Bildhauers Thorwaldsen. Der Erfinder schaut auf das Staatstheater Mainz, das als Großherzogliche Nationalbühne Mainz 1833 Architekturgeschichte schrieb. Georg Moller hat sie entworfen und dabei die Rundung des Zuschauerraums auf die Fassade übertragen. Es war damals das vierte große Theaterhaus in Deutschland. 1910 bis 1912 gab es wesentliche Erweiterungen am Bau, die ihn stark veränderten.
Seit dem Jahr 2000 ist Mainz um eine antike Stätte reicher. Bei Bauarbeiten stieß man auf Reste eines Isis- und Mater Magna-Heiligtums, das man heute bei kostenlosem Eintritt und sehr schön präsentiert im Untergeschoss des Shoppingcenters Römerpassage besichtigen kann. In der Großen Bleiche 49–51 im modern erweiterten Komplex des Kurfürstlichen Marstalls befindet sich das Landesmuseum, eines der ältesten Museen Deutschlands.

ZWISCHEN ALTSTADT UND NEUSTADT

In der Neustadt am Synagogenplatz (Ecke Hindenburgstraße/Josefsstraße) steht ein spektakuläres Beispiel moderner Architektur, die Neue Synagoge Mainz, ein Werk des Architekten Manuel Herz. Glasierte, handgefertigte Keramikprofile bilden die Oberfläche dieses ungewöhnlichen Baus, der so viele Perspektiven bietet und Fragmente des zerstörten Vorgängerbaus mit einbezieht. Besichtigung von innen ist nur nach Absprache möglich (www.jgmainz.de).

Osteiner Hof, Bassenheimer Hof und Fastnachtsbrunnen am Schillerplatz

Die baumbestandene Kaiserstraße führt auf den domartigen Bau der evangelischen **Christuskirche** zu. Der 80 Meter hohe Kuppelbau (1896–1903) ist als Gegenstück zum katholischen Dom zu verstehen und steht für das Selbstbewusstsein der Protestanten. Er prägt heute noch die Stadtkulisse. Am Rheinufer in der Nähe der Theodor-Heuss-Brücke steht das **Kurfürstliche Schloss**, einer der schönsten und größten Renaissancebauten. Im Krieg völlig ausgebrannt dient es heute als Eventlocation mit großem Veranstaltungssaal. Direkt am Ende der Brücke steht die heutige rheinland-pfälzische **Staatskanzlei**, ebenfalls ein Bau mit nur historischer Hülle, als **Neues Zeughaus** im Barock 1748 bis 1740 erbaut. Etwa 200 Meter flussaufwärts steht die rot-weiße Karmeliterkirche aus dem 14. Jahrhundert. Sie wurde kaum verändert. 1924 bekamen die Karmeliter ihr Kloster zurück, seit 1964 leben hier wieder Mönche.

Die **Theodor-Heuss-Brücke** wurde 1885 eingeweiht. Der Bau von Friedrich von Thiersch galt als technisches Wunderwerk. In den 1930er-Jahren wurde sie wegen des zunehmenden Autoverkehrs verbreitert. Auf der Kasteler Seite befindet sich gleich rechts die **Bastion Schönborn** mit dem schönen Sandstrand, Strandbar und Liegestühlen, wo man mit einem Drink in der Hand den Blick auf die Stadtsilhouette von Mainz und den Sonnenuntergang über dem Rhein genießen kann. Direkt neben dem Strand hat das Restaurant Bastion von Schönborn eine traumhaft über dem Wasser gelegene Terrasse, die wegen der guten Küche und ihrer Lage stets gut besucht ist. Ein perfekter Ort, um den Tag nach einem Stadtbesuch ausklingen zu lassen.

AUF EINEN BLICK

Info

STADT/REGION: Mainz
BESTE REISEZEIT: Frühling bis Herbst
OPTIMALE REISEDAUER: 2 Tage
TOURISTINFO: Tourist Service Center, Brückenturm am Rathaus, Rheinstr. 55, Tel. 06131/242-888, tourist@mainzplus.com, www.mainz-tourismus.com

SEHENSWÜRDIGKEITEN

DOM ST. MARTIN: bistummainz.de/dom-mainz
DOM- UND DIÖZESANMUSEUM: Eingang im Kreuzgang des Doms, www.dommuseum-mainz.de
GUTENBERG-MUSEUM: Liebfrauenplatz 5, 55116 Mainz, www.gutenberg-museum.de
MUSEUM FÜR ANTIKE SCHIFFFAHRT: Neutorstr. 2b, 55116 Mainz, Tel. 06131/28 66-316
RÖMISCH-GERMANISCHES ZENTRALMUSEUM: Neutorstraße, 55116 Mainz, Tel. 06131/91 24-0, web.rgzm.de
MAINZER FASTNACHTSMUSEUM: Proviant-Magazin (Westeingang), Neue Universitätsstr. 2, 55116 Mainz, Tel. 06131/144 40 71, www.mainzer-fastnachtsmuseum.de
STAATSTHEATER MAINZ: www.staatstheater-mainz.com
ISIS- UND MATER MAGNA-HEILIGTUM: Römerpassage 1, 55116 Mainz, Tel. 06131/600 74 93, roemisches-mainz.de/das-heiligtum
LANDESMUSEUM: Große Bleiche 49–51, 55116 Mainz, Tel. 06131/28 57-0, www.landesmuseum-mainz.de

CAMPINGPLATZ MAARAUE

ADRESSE: Maaraue 48, 55246 Mainz-Kostheim, Tel. 06134/257 59 22, info@campingplatz.maaraue.de, www.campingplatz-maaraue.de
ANFAHRT: A 671 Ausfahrt Hochheim-Süd nach Mainz-Kostheim, dort von der B 43 auf die Maaraustraße abbiegen und der Beschilderung ca. 1,6 Kilometer folgen (Google-Navigation ab hier fehlerhaft).
GPS: 50.00146, 8.28583

Wohnmobilstellplatz Mainz und direkt gegenüber der Altstadt gelegener Campingplatz Maaraue

Sehr schön und ruhig im Grünen gelegener Campingplatz auf einer Halbinsel am Rhein gegenüber von Mainz. Zwei Kilometer zu Fuß oder per Rad nach Mainz. Ebenes Wiesengelände mit alten, hohen Bäumen. Durch Uferweg vom Rheinufer getrennt. 20 Dauercamper und 80 Plätze für Urlauber. Kleines Bistro mit Snacks, Frühstück auf Vorbestellung, Brötchenservice, Getränke. Saubere, ordentliche Sanitäranlage mit Standardausstattung, Ver- und Entsorgung für Wohnmobile. 700 Meter Entfernung zum Freibad Maaraue. Der Campingplatz ist von Mitte Mai bis Mitte Oktober geöffnet.

WOHNMOBILSTELLPLATZ MAINZ

ADRESSE: Dr.-Martin-Luther-King-Weg 21, 55122 Mainz,
Tel. 01573/194 97 11, www.wohnmobil-stellplatz-mainz.de
ANFAHRT: A 60, Ausfahrt Mainz-Finthen Richtung Innenstadt auf Saarstraße, dann Abfahrtschild SWR/Eissporthalle/Parkplatz, links über Brücke, nach ca. 200 Metern links auf Parkplatz, Hinweis Wohnmobilstellplatz.
GPS: 49.99837, 8.24649
Der Wohnmobilstellplatz befindet sich am Rande des Großparkplatzes Stadion am Bruchweg. Für Dickschiffe geeignet. 56 ebene Stellplatze. Auf einer Seite von Erdwall begrenzt. Schranke an der Zufahrt. Ver- und Entsorgung mit Bodeneinlass an der Zufahrt, viel Rangierplatz. Strom, nachts beleuchtet, freies WLAN. Keine Sanitäranlage. Einkaufsmöglichkeiten fußnah. Zu Fuß oder per Rad zwei Kilometer zum Schillerplatz, 2,6 Kilometer zum Dom. Zentrum auch per Bus erreichbar. Ganzjährig geöffnet.

AM RANDE DES TAUNUS

Idstein, Königstein, Kronberg und Eppstein

Blick auf die Altstadt von Idstein mit Burg und Hexenturm

An den Hängen des Taunus-Hauptkamms liegen alte Städte mit langer Geschichte. Burgen, Schlösser, romantische Ruinen und Tempel mit bedeutender Vergangenheit blicken vom Vordertaunus stolz auf die Ebene am Main. Die engen Altstädte sind von reichlich Fachwerk geprägt.

Spuren von Ringwallanlagen und Hügelgräbern lassen auf die Besiedlung durch die Kelten vor der Zeitrechnung schließen. Später kamen die Römer und bauten den Limes, heute Teil des UNESCO-Weltkulturerbes. Tacitus bezeichnete den Feldberg als monte tauno, wovon sich vermutlich »Taunus« ableitet. Bis ins 18. Jahrhundert wurde der Höhenzug aber schlicht nur die »Höhe« genannt. Die Idsteiner Senke trennt den westlichen vom östlichen Taunus.

FACHWERKIDYLL IDSTEIN

Die ehemalige Residenzstadt Idstein hat als besonderen Schatz ihre wunderbar erhaltene Altstadt zu bieten. Der König-Adolf-Platz bildet das Zentrum. Er ist umgeben von Fachwerkbauten mit teils reichem Schnitzwerk, die rund um 1600 entstanden. Das Rathaus stammt von 1698 und das Schiefe Haus daneben mit seinem verzogen wirkenden Fachwerk von 1728. Im reich verzierten Killingerhaus befindet sich das Fremdenverkehrsamt. Rechts vom Rathaus erhebt sich das mächtige Kanzleitor, durch das es hinauf zum Burgbereich geht. Zuerst gelangt man zur Alten Burg mit dem Alten Amtsgericht und dem rund 42 Meter hohen Hexenturm, dem Wahrzeichen Idsteins. Über eine steinerne Brücke erreicht man das dreiflügelige Renaissanceschloss, 1614 bis 1634 erbaut. Bis 1721 residierten hier die Grafen und späteren Fürsten von Nassau-Idstein.
Geht man zurück über den König-Adolf-Platz und die Obergasse hinauf, kommt man zu weiteren altehrwürdigen Bauten. Nach der Druckerei Grandpierre (Gründungsort der Idsteiner Zeitung) erreicht man den prächtigen Höerhof, in dem sich heute ein Hotel mit Restaurant befindet (www.hoerhof.de). Gegenüber am Ende einer kleinen Gasse steht der Stockheimer Hof. Zurück am König-Adolf-Platz gelangt man durch die Himmelsgasse zum Marktplatz, von dem die äußerst malerische Kreuzgasse mit ihren süßen kleinen Fachwerkhäusern abzweigt.

5

VON IDSTEIN KANN MAN eine sehr schöne Fahrradrundtour von 42 Kilometer Länge mit nur einer Steigung starten. Der Radrundweg Ems- und Wörsbachtal führt an beiden Flüssen entlang durch idyllische, einsame Täler und zurück über Bad Camberg mit seiner Fachwerkaltstadt. Der Weg ist durchgehend mit einheitlichem Symbol ausgeschildert. Ein guter Startpunkt ist der Parkplatz beim Sportplatz Zissenbach am nördlichen Stadtrand.

BESUCH IN EPPSTEIN

Fährt man von Idstein über die Landstraße L 3026 Richtung Süden und Niedernhausen, kommt man am Nachbau eines Limesturms vorbei, der direkt an der Straße liegt. Hinter Niedernhausen trifft man auf die B 455, auf der man Richtung Königstein fährt. In einem engen Tal liegt links der Bundesstraße die Altstadt von Eppstein. Sie schmiegt sich mit ihren zahlreichen Fachwerkhäusern an den Bergrücken, auf dessen Sporn die Ruinen der Burg Eppstein sie malerisch überragen. Noch heute wirkt die romantische Anlage der Herren von Eppstein, deren bis heute erhaltene Mauerreste vorwiegend aus dem 14. und 15. Jahrhundert stammen, äußerst imposant. Führungen kann man buchen unter Tel. 06198/30 51 31.
Östlich der Altstadt thront auf einem Felsvorsprung am steilen Berghang der Kaisertempel. Eigentlich ist es nur ein Säulenportikus, der gleichzeitig als Siegesdenkmal an den gewonnenen Deutsch-Französischen Krieg 1870/71 erinnert und als Aussichtspunkt dient. Der recht steile Fußweg hinauf lohnt sich tatsächlich wegen der Aussicht auf die Wälder und die Altstadt mit der Burg. Am Hang links der Stadt erkennt man eine Gründerzeitvilla, die Villa Anna im Bergpark Eppstein. Ein Frankfurter Bankier ließ im 19. Jahrhundert die Villa als Landsitz bauen und einen Landschaftsgarten anlegen mit Sichtachsen und seltenen Bäumen. Die Sichtachsen sind zugewachsen und verschwunden, aber die Mammutbäume sind geblieben (www.vve-eppstein.de).
Fährt man von Eppstein nach Süden durch das Lorsbachtal und dann rechts hinauf nach Langenhain, kommt man zu einem ganz anderen Tempel. Am Rande des Ortes steht hier der einzige Bahai-Tempel Deutschlands inmitten der Natur mit Ausblick in fast alle Himmelsrichtungen.

Die Burg Königstein ist eine der größten Burgruinen Deutschlands.

Ein kleiner gepflegter Garten umgibt den beeindruckenden Kuppelbau. In einem Besucherzentrum kann man sich über die erst 150 Jahre alte Glaubensgemeinschaft informieren, der Tempel steht Besuchern offen (www.bahai.de/haus-der-andacht).

VON BURG ZU BURG

Folgt man von Eppstein weiter der B 455, kommt man nach Königstein. Die hübsche kleine Stadt wird von einer mächtigen Burgruine überragt. Der Sage nach soll dem Merowingerkönig Chlodwig im 5. Jahrhundert eine Jungfrau auf dem Felsen erschienen sein, die ihn veranlasste, Christ zu werden und eine Burg zu errichten. Die ältesten Mauern der Burg Königstein stammen allerdings aus dem 10. und 11. Jahrhundert. Ab 1581 gehörte die Burg den Mainzer Kurfürsten, die sie als Garnison ausbauten. Im Koalitionskrieg wurde sie stark beschädigt, woraufhin sie von den Königsteinern als Steinbruch genutzt wurde. Eine Besichtigung ist heute trotzdem lohnenswert, da noch genügend Steine übrig geblieben sind. Sie ist eine der größten Burgen Deutschlands. Besonders eindrucksvoll sind die vielen unterirdischen Gänge und Kellergewölbe. Nach dem Aufstieg über 170 Stufen auf den Bergfried bietet sich ein grandioser Rundblick. November bis März samstags und sonntags 10 bis 17 Uhr, April bis Oktober täglich 10 bis 19 Uhr.

5

Der letzte Besitzer und spätere Großherzog von Luxemburg baute sich am Fuße der Burganlage ein neues Schlösschen, das Luxemburger Schloss, in dem heute das Amtsgericht seinen Sitz hat. Unterhalb zieht sich die nette kleine Hauptstraße mit Fußgängerzone durch den alten Ortskern. Sie führt direkt zum äußerst interessanten Altes Rathaus Königstein. Die ungewöhnliche Bauweise mit dem großen Tor unter dem Fachwerk erklärt sich dadurch, dass das Gebäude um 1255 ursprünglich als unteres Burgtor gebaut worden war. Bis 1909 diente es als Rathaus und heute als Burg- und Stadtmuseum. Durch das Tor gelangt man in einen besonders malerischen, stillen Teil der Altstadt mit kleinen Häuschen in engen Gassen. Geht man die Hauptstraße in östlicher Richtung, befindet sich rechts von ihr ein kleiner Kurpark und in ihm das Kurhaus, ursprünglich eine Villa im Schweizer Stil der Familie Borgnis. Königstein hat zwar keine Heilquellen, ist aber seit 1935 heilklimatischer Kurort. Heute sind zahlreiche Fachkliniken mit unterschiedlichen Fachbereichen hier angesiedelt. Das 1977 in Betonarchitektur eröffnete Kurbad, das man heute Therme nennen würde, hat es geschafft, Denkmalschutz zu erlangen.

Die nur zwei Kilometer entfernte Ruine Burg Falkenstein, deren Bergfried aus dem 15. Jahrhundert über den bewaldeten Berg hinausragt, wurde 1364 erstmals urkundlich erwähnt. Die Anlage ist von April bis Oktober täglich von 10 bis 19 Uhr geöffnet und nur zu Fuß vom Ort Falkenstein zu erreichen. Da kaum noch verbliebene Mauerreste den Blick versperren, kann man eine fantastische Aussicht über den Vordertaunus auf die

◀ Blick von Burg Königstein auf die Altstadt ▶ Johanniskirche in Kronberg

Wunderbarer Rundumblick vom Bergfried der Burgruine Falkenstein

Frankfurter Skyline genießen. Vom Turm hat man einen noch besseren Rundblick über den Wald hinweg. Von der Burg aus lohnen zwei kurze Spaziergänge zum Aussichtspavillon Dettweiler Tempel auf den Teufelsfelsen oder zum Aussichtspunkt Hildablick, den man in knapp einem Kilometer über Waldwege in südwestlicher Richtung erreicht und der einen Bilderbuchblick auf Königstein bietet.

ÜBER DEN SCHÖNEN, elf Kilometer langen Drei-Burgen-Weg kann man die Burgen Kronberg, Königstein und Falkenstein auf einer Rundwanderung besuchen. Dabei geht es an Aussichtspunkten und vielen historisch bedeutsamen Orten vorbei. Der Weg ist durchweg ausgeschildert mit dem Drei-Burgen-Weg-Logo, das auf weißem Hintergrund einen schwarzen Burgturm mit Fahne zeigt.

Tipp

Der **Opel-Zoo** liegt zwischen Königstein und Kronberg und ist, wenn man genügend Zeit mitbringt, für Jung und Alt eine Attraktion. An Wochenenden ist er allerdings extrem gut besucht. Er ist sehr schön im Grünen gelegen und bietet im Gegensatz zum Frankfurter Zoo genügend Platz für Elefanten. Das moderne Restaurant Lodge, von dem man über den Zoo schauen kann, bietet gehobene Gastronomie. Königsteiner Str. 35, 61476 Kronberg im Taunus, Tel. 06173/325 90 30, www.opel-zoo.de.

5

MITTELALTER UND DESIGNIKONEN

Die Kronberger Altstadt zieht sich mit schönen alten Fachwerkhäusern und mit schmalen und steilen Gassen am Berghang über dem stillen Rentbachtal hinauf zur sie krönenden Burg. Nachdem ein Brand 1437 Kronberg großenteils zerstörte, wurde 1440 die heute evangelische Johanniskirche neu gebaut. Sie ist mit einem prächtig bemalten hölzernen Tonnengewölbe ausgestattet, die Wände des Langhauses sind mit Fresken verziert. Die Hermann-Hillebrand-Orgel kann man immer samstags um 18 Uhr bei »Orgelmusik zum Wochenende« hören.

In den gepflegten Gassen verstecken sich einige schöne Cafés und kleine Restaurants. Über steile Gassen und Treppen erreicht man die noch vollständig erhaltene Burg Kronberg. Sie ist teils von einem schönen Garten umgeben, von dem man eine schöne Aussicht auf die Dächer der Altstadt und die Umgebung hat. Die Mittelburg mit dem Museum in den romantischen, historischen Räumen erreicht man durch ein Tor, das außerhalb der Öffnungszeiten verschlossen ist. Die Besichtigung ist nur im Rahmen einer einstündigen Führung möglich. In den Gebäuden am Burgtor ist das Stadtmuseum untergebracht, das bei freiem Eintritt an Wochenenden von 13 bis 17 Uhr geöffnet hat.

Fachwerkfassaden in Kronbergs Altstadt

Blick auf Burg und Altstadt von Kronberg mit Frankfurt im Hintergrund

Kronberg hat noch zwei weitere interessante Museen zu bieten: 2018 eröffnete das Museum der Kronberger Malerkolonie mit über 700 Exponaten von Künstlern, die hier gelebt hatten. Ein Stück deutscher Designgeschichte zeigt die Braun Sammlung, mehr als nur ein Firmenmuseum. Wilhelm Wagenfeld, Otl Aicher und andere berühmte Designer haben für die Firma, die in Kronberg ihren Stammsitz hat, gearbeitet.

Tipp

Das **Schlosshotel Kronberg**, das keiner internationalen Hotelkette, sondern einer Stiftung gehört und inmitten eines Golfplatzes liegt, versetzt den Besucher in viktorianische Zeiten. Es wurde 1889 bis 1894 als Witwensitz für die ehemalige deutsche Kaiserin Victoria, eine Tochter von Queen Victoria, im englischen Tudorstil erbaut. Lunch oder Dinner im Restaurant oder auf der Terrasse oder den winterlichen English Afternoon Tea am Kaminfeuer hier einzunehmen, ist ein Erlebnis der besonderen Art. Tel. 06173/327 09 22, reservations@schlosshotel-kronberg.de.

INMITTEN VON STREUOBSTWIESEN liegt die urige Schankwirtschaft des Obsthofs Krieger. Auf der Terrasse und im Garten lassen sich Hausschoppen und sortenreine Apfelweine aus eigener Herstellung besonders genießen. Geiersbergweg 1, 61476 Kronberg, Tel. 0176/37 64 66 45, www.obsthof-krieger.de.

AUF EINEN BLICK

Info

STADT/REGION: Vordertaunus
BESTE REISEZEIT: Frühling bis Herbst
OPTIMALE REISEDAUER: 2 Tage
TOURISTINFO: Tourist-Info Idstein, Killingerhaus, König-Adolf-Platz, 65510 Idstein, Tel. 06126/78-620, Tourist-Info@idstein.de, www.idstein.de
Kur- und Stadtinformation Königstein, Hauptstr. 13a, Kurparkpassage, 61462 Königstein, Tel. 06174/20 22 51, info@koenigstein.de, www.koenigstein.de
Tourismus in Kronberg TiK e. V., Berliner Platz 3–5, 61476 Kronberg, Tel. 06173/70 30, info@tik-kronberg.de, www.tik-kronberg.de

SEHENSWÜRDIGKEITEN

MUSEUM KRONBERGER MALERKOLONIE:
Heinrich-Winter-Str. 4a, 61476 Kronberg, Tel. 06173/92 94 90, info@kronberger-malerkolonie.com, www.kronberger-malerkolonie.com
BRAUN SAMMLUNG: Westerbach Center, Westerbachstr. 23c, 61476 Kronberg, Tel. 06173/30-21 88, www.braunsammlung.info

WOHNMOBILHAFEN IDSTEIN

ADRESSE: Himmelsbornweg 3, 65510 Idstein, Tel. 06126/786 20, www.idstein.de

◀ Hof Gimbach beim Campingplatz ▶ Wohnmobilhafen Idstein

ANFAHRT: A 3 Ausfahrt Idstein Richtung Idstein Stadtmitte, Kreisverkehr Luxemburger Straße rechts einbiegen in Am Hexenturm, am übernächsten Kreisverkehr rechts in die Escher Straße, in Rechtskurve geradeaus in die Schützenhausstraße, nächste rechts zum Stellplatz (beschildert).
GPS: 50.21768, 8.2788
Ruhig und im Grünen gelegener Stellplatz mit Kleingärten, Tennisplätzen und Turnhalle in der Umgebung. 500 Meter zur Altstadt. Teil eines Parkplatzes reserviert für zwölf Wohnmobile bis 7,5 Tonnen. Stromanschlüsse, Ver- und Entsorgungsstation mit Bodeneinlass. Gebühr muss in der Tourist-Info (König-Adolf-Platz) bezahlt werden.

CAMPING HOF GIMBACH

ADRESSE: Gimbacher Weg, 65779 Kelkheim, Tel. 01573/419 63 78, campingplatz-hof-gimbach@t-online.de, www.hof-gimbach.de
ANREISE: Von der Ausfahrt der B 455 in Kelkheim-Fischbach Richtung Kelkheim fahren, in Kelkheim vor Bahnübergang rechts abbiegen, rechts halten und Beschilderung Hof Gimbach folgen.
GPS: 50.13419, 8.43257
Einfacher, hübscher und ruhig im Grünen am Waldrand gelegener Campingplatz. Vorwiegend Dauercamper, acht große Stellplätze für Wohnmobile. Keine Rezeption, vorher anrufen. Ideal zum Erholen, Wandern und Radfahren. In unmittelbarer Nähe ist der Gimbacher Hof, ein traditionelles, sehr beliebtes Ausflugslokal mit Biergarten und Tiergehege. Supermarkt und Bahnhof in einem Kilometer Entfernung.

EINE SEHR SCHÖNE RUNDWANDERUNG führt vom Gimbacher Hof durch Wald um den Staufen zwischen hier und Eppstein mit mehreren Aussichtsplätzen. Vorbei am Kaisertempel mit Blick auf Eppstein und dem Ristorante Kaisertempel. Länge neun Kilometer, kann aber abgekürzt werden auf sieben Kilometer (www.kaisertempel.de). Beschreibung und Track-Download: www.ich-geh-wandern.de/vom-gimbacher-hof-auf-den-staufengipfel-im-taunus.

DIE RÖMER UND DIE HOMBURGER

Von Bad Homburg auf die Höhen des Taunus

Die neuromanische Erlöserkirche mit wunderschönen Mosaiken im Inneren

6

Von Bad Homburg, der Stadt mit Schloss und Gärten, Villen und Palästen, Kaiserlichem Kurbad und Casino geht es zur Fachwerkidylle in Oberursel hinauf Richtung Taunushöhen mit dem berühmten Limeskastell Saalburg, dem Freilichtmuseum Hessenpark mit Einblick in 400 Jahre hessische Geschichte und zum Großen Feldberg.

Bad Homburg vor der Höhe war lange Residenzstadt. Im 19. Jahrhundert hat sie durch Kurbetrieb und Casino Weltruhm erlangt. 1330 bekam Homburg Stadtrechte. Mit der Gründung des Landgrafenhauses Hessen-Homburg nach dem Dreißigjährigen Krieg erlebte es einen Aufschwung. Unter Friedrich V. Ludwig (1751–1820) verkehrten Goethe, Hegel, Klopstock, Voltaire und andere Geistesgrößen am Hof. Die »Landgräfliche Gartenlandschaft« wurde angelegt. 1809 wurde die erste Heilquelle entdeckt. Das Kurwesen begann aber erst zu boomen, nachdem 1834 die Elisabethenquelle wiederentdeckt und 1841 das französische Geschwisterpaar Louis und François Blanc das Spielcasino gründete. Ein Kurhaus wurde erbaut und der berühmte preußische Gartenplaner Lenné legte den Kurpark mit typischen Sichtachsen im englischen Stil an. 1871 ließ Preußen alle Spielbanken schließen, worauf die Brüder Blanc nach Monte-Carlo gingen, um dort nach dem Bad Homburger Modell ein Casino zu gründen. Im Zweiten Weltkrieg gab es einen Luftangriff, bei dem unter anderem das Kurhaus und das Alte Rathaus getroffen wurden.

Tipp

Der **Parkplatz Festplatz** ist ein recht günstig für eine Stadtbesichtigung gelegener, kostenloser Parkplatz und auch für Wohnmobile geeignet. Der geschotterte Platz ist in der Mitte geteilt und der für alle Fahrzeuge erlaubte Bereich nur von der Dietigheimer Straße aus zu erreichen. GPS: 50.23182, 8.60815.

DAS BAROCKE HOMBURG

Die Dorotheenstraße ist die Hauptachse der barocken Neustadt mit Häusern für die Hofbeamten des 18. Jahrhunderts. Hölderlin wohnte in der Nr. 34, die Nr. 22 war das Justizgebäude und die Nr. 8 gehörte dem Hutmacher Möckel, dem Erfinder des Homburgers. Isaak von Sinclairs barockes Haus ist das letzte in der Straße. Der Philosoph war ein Freund

6

Hölderlins und Berater des Landgrafen von Hessen-Homburg. Heute dient das **Sinclair-Haus** als Ausstellungsort für Kunst und Natur. Gegenüber ragt mit ihren vier Türmen die neoromanische **Erlöserkirche** mit byzantinischen Mosaiken im Inneren auf. Sie wurde 1908 von Kaiser Wilhelm II. gestiftet. Den Abschluss der Dorotheengasse bildet das **Landgräfliche Schloss Bad Homburg**. 1818 wurden im Garten davor zwei Libanonzedern gepflanzt, wovon die größere einen Stammumfang von 6,40 Metern und einen Durchmesser von über 35 Metern erreicht hat. Unter den ausladenden Ästen stehen Tische und Stühle des Schlosscafés, das für seine selbst gemachten Kuchen und Torten bekannt ist.

Der **Weiße Turm** im Oberen Schlosshof ist einziger Überrest der alten Burg und das Wahrzeichen der Stadt. Friedrich II. von Hessen-Homburg veranlasste 1679 den Bau einer frühbarocken Schlossanlage, der größten in Hessen, wie wir sie im Wesentlichen heute noch hier sehen. Barocke und wunderschöne klassizistische Innenräume sind mit Führung zu besichtigen. Im Königsflügel sind die kaiserlichen Gemächer erhalten geblieben und somit das einzige Beispiel kaiserlicher Wohnkultur in ganz Deutschland. Unterhalb des Schlosses erstreckt sich um den Weiher der **Schlosspark**.

Café in der Orangerie

Der Elisabethenbrunnen im Kurpark

WENN MAN AN DER KIRCHE DIE LÖWENGASSE HINUNTERGEHT, stößt man auf das inzwischen über 150 Jahre alte Gasthaus Zum Wasserweibchen, ein Restaurant mit holzvertäfelter, uriger Gaststube und exzellenter Küche. www.wasserweibchen.de.

Tipp

Der zentrale Schlossplatz mit dem Weißen Turm ist eine wunderbar geeignete Location für den in der Adventszeit stattfindenden, stimmungsvollen **Weihnachtsmarkt**. Vor dem Kaiser-Wilhelms-Bad ist dann eine große Eislaufbahn aufgebaut, die Jung und Alt auf die Kufen lockt.

DIE KURSTADT

Der Kurpark, einer der größten Europas, ist weitgehend in dem Zustand geblieben, wie Lenné ihn geplant hatte. Zahlreiche Bäume stammen noch aus der Entstehungszeit. Im 1890 eröffneten Kaiser-Wilhelms-Bad nahmen die Herrschaften des Hoch- und Geldadels ihre Moor- und Mineralbäder. Inzwischen ist es grundlegend saniert und zum Day Spa »Kur-Royal« umgestaltet worden. Seitlich ein Stück vor dem Bad befindet sich seit Kriegsende die Spielbank im Brunnensälchen, das 1839 als erstes Gesellschaftshaus erbaut wurde. Zahlreiche Brunnen, Denkmäler und Bauten sind im Kurpark zu finden. Sogar Tennisplätze, wie eingangs beschrieben, und den ältesten deutschen Golfplatz findet man im Park. Auf dem Old Course wird seit 1889 Golf gespielt. Die Orangerie ist heute

6

Café und Eventlocation. In unmittelbarer Nähe steht der monumentale Bau des Elisabethenbrunnens. Die Russische Kapelle wurde für die zunehmende Zahl russischer Badegäste im ausgehenden 19. Jahrhundert erbaut. In der ehemaligen Molkenanstalt, in der ein Schweizer Senner Molke für die Kurgäste produzierte, kann man heute im Toprestaurant Am Römerbrunnen auf Sterneniveau speisen. Nur in Bad Homburg gibt es außerhalb Thailands zwei Siamesische Tempel. Der erste wurde in Bangkok gebaut und 1914 hier aufgestellt. 2007 wurde ein zweiter an der Heilquelle errichtet.

Entlang des Kurparks verläuft seit 1834 die Prachtstraße Kaiser-Friedrich-Promenade. Heute stehen hier noch einige denkmalgeschützte Gebäude. Das Kurhaus aus dem Jahr 1984 steht hier bereits in der vierten Generation. Einen Prachtbau, wie Wiesbaden ihn hat, sucht man leider vergebens. Lebensader, Shopping- und autofreie Flaniermeile ist die parallel verlaufende Louisenstraße. Die kleinen Nebenstraßen lohnen Abstecher beim Bummel.

◀ Die St. Ursulakirche in Oberursel ▶ Torhaus in Oberursel

Das Bad Homburger Schloss mit Weißem Turm

IM MALERWINKEL VON OBERURSEL

Weber, Tuchmacher und Händler waren es, die Oberursel im Mittelalter so viel Wohlstand brachten, dass sie 1444 Stadtrechte verliehen bekamen und eine Stadtmauer bauen konnten. Der Dreißigjährige Krieg brachte die fast völlige Zerstörung. Danach gab es dank Ölmühlen und Gerbereien wieder einen Aufschwung.

Das Zentrum der Altstadt bildet der Marktplatz mit Fachwerkhäusern aus dem 17. Jahrhundert. Hier steht auch das Historische Rathaus. Bei einer Stadterweiterung wurden ein Teil der Stadtmauer und ein Tor überflüssig, das man als Basis für das Rathaus nutzte, indem man einen Fachwerkbau daraufsetzte. Das Ergebnis war das pittoreske Gebäude, durch das man in den Malerwinkel gelangt. Ihn nannte man so wegen des äußerst malerischen Anblicks mit der St. Ursulakirche. Beim Bau der Kirche im 15. Jahrhundert wurden Teile eines Vorgängerbaus aus dem 12. Jahrhundert aus Kostengründen mit einbezogen. Im Turm befindet sich ein Museum mit sakraler Kunst, außerdem bietet er einen wunderbaren Ausblick.

BEI EINER BESICHTIGUNG DER ALTSTADT kann man am nahe gelegenen Epinayplatz das Café Heller besuchen. Alle Torten stammen aus eigener Herstellung, genau wie die Pralinen, die man im benachbarten Geschäft kaufen kann. Epinayplatz 1, 61440 Oberursel, www.heller-pralinen.de.

6

AM MÜHLENWANDERWEG VON OBERURSEL über Niederursel nach Heddernheim, wo der Urselbach in die Nidda mündet, gibt es genau 42 ehemalige Mühlen, von denen nur die mächtige Herrenmühle und die Schuckardts Mühle noch ein Wasserrad haben. Der Weg ist 13,6 Kilometer lang. Broschüre erhältlich bei der Stadt Oberursel, Geschäftsbereich Umwelt, Energie, Verkehr, Rathausplatz 1, 61440 Oberursel. Download unter www.regionalpark-rheinmain.de/portfolio-item/regionalpark-muehlenwanderweg-am-urselbach.

BEI DEN RÖMERN

Über die B 456 kommt man schnell in die höheren Lagen des Taunus und zur Saalburg, einem der Highlights der Region. Die Saalburg ist die älteste Rekonstruktion eines römischen Kastells, die schon Kaiser Wilhelm II. um 1900 initiiert hatte. Das Museum zeigt mit originalen Exponaten und rekonstruierten Räumen recht eindrucksvoll, wie solch ein Kastell ausgesehen haben mag.

Anfang des 2. Jahrhunderts begannen die Römer mit dem Bau eines Kastells, um den Übergang vom Römischen Reich zu den Germanischen Gebieten zu kontrollieren. An der römischen Straße nach Heddernheim entstand eine Siedlung, in der die römischen Familien wohnten. In der zweiten Hälfte des 3. Jahrhunderts wurde das Lager wegen des zunehmenden Drucks durch die Germanen aufgegeben.

◀ Römerkastell Saalburg ▶ Marktplatz im Hessenpark

Im Freilichtmuseum Hessenpark

IM FREILICHTMUSEUM

Das Freilichtmuseum Hessenpark ist 1978 eröffnet worden. Mehr als 100 Fachwerkhäuser aus ganz Hessen sind hier wieder errichtet worden, um sie zu retten. Es ist auch ein Ort, an dem traditionelle Handwerke bewahrt und vorgestellt und an vielen Tagen in Aktion erlebt werden können. Über den Misthaufen vor einem Bauernhaus spazieren Hühner einer alten Hühnerrasse. Auch alte Schweinerassen, Rotes Höhenvieh, Ziegen, Schafe und Esel sind auf dem Museumsgelände anzutreffen. Um den Marktplatz im Eingangsbereich sind Häuser aus verschiedenen Regionen Hessens zusammengetragen worden. Es gibt Geschäfte, in denen hier produzierte Waren verkauft werden, eine Bäckerei, ein Haus der Fotografie mit Fotoausstellungen und zwei Gasthäuser mit unterschiedlicher Ausrichtung.

Tipp

Das Übernachten mit dem Wohnmobil ist auf dem hinteren Bereich des Parkplatzes am Hessenpark erlaubt. Keine Serviceeinrichtungen. Ruhige Lage am Waldrand. Besuch der Restaurants am Marktplatz im Freilichtmuseum ist ohne Eintrittsgebühr möglich. Laubweg 5, 61267 Neu-Anspach, Tel. 06081/588-0, www.hessenpark.de.

AUF DEN TAUNUSGIPFEL

Der höchste Punkt des Hochtaunus mit 881 Meter über NN ist der Große Feldberg. Im Herbst strahlt hier oft die Sonne, wenn Nebel die Täler durchzieht. Im Winter ist er oft der einzige Ort weit und breit, an dem Schnee fällt. In den übrigen Jahreszeiten laden zahlreiche Wander- und Radwege

Der Brunhildisfelsen auf dem Feldberg

zu Aktivitäten in der Natur ein. Das Wahrzeichen des Berges ist der von weithin sichtbare Fernmeldeturm, der bereits 1937 errichtet wurde und über 50 Meter hoch ist. Einen Rundumblick in alle Himmelsrichtungen über den Wald hinweg hat man vom Aussichtsturm. Von der Felsengruppe Brunhildisfelsen hat man einen fantastischen Blick auf das Usinger Land. Die Anzahl der Parkplätze auf dem Gipfel ist sehr eingeschränkt, weshalb man besser etwas unterhalb an der Straße parkt.

VOM PARKPLATZ UND WOHNMOBILSTELLPLATZ Hohemark beim Taunus-Informationszentrum startet eine Wanderung zum Feldberg. Der Wandermarkierung mit dem schwarzen, liegenden V kann man von hier aus zum Parkplatz Teufelsquartier folgen. Hier muss man die Straße queren, dann geht es links weiter über einen steilen Weg hinauf zum Feldberggipfel. Der Abstieg zum Sandplacken (das Restaurant Sandplacken ist eine gemütliche Einkehrmöglichkeit) wird markiert mit einem schwarzen T. An der Passhöhe kann man sich entscheiden, ob man mit dem Bus (Linien 50, 51 und 57) zum Taunus-Informationszentrum zurückfährt oder lieber dem Weg mit dem roten Punkt als Wegmarkierung folgt, vorbei am Kolbenberg und den Ringwällen des Heidetränk Oppidums.

AUF EINEN BLICK

Info

STADT/REGION: Bad Homburg, Oberursel, Taunus
BESTE REISEZEIT: Frühling bis Herbst
OPTIMALE REISEDAUER: 2 Tage
TOURISTINFO: Im Kurhaus, Louisenstr. 58, 61348 Bad Homburg, Tel. 06172/178-37 10 bis 37 13, tourist-info@kuk.bad-homburg.de
Tourist-Information im Vortaunusmuseum, Marktplatz 1, 61440 Oberursel, Tel. 06171/502-232, tourismus@oberursel.de
Taunus Informationszentrum, Hohemarkstr. 192, 61440 Oberursel, Tel. 06171/507 80

SEHENSWÜRDIGKEITEN

MUSEUM SINCLAIR-HAUS: Löwengasse 15, 61348 Bad Homburg, Tel. 06172/595 05 00, www.museum-sinclair-haus.de
LANDGRÄFLICHES SCHLOSS: Tel. 06172/926 21 48, info@schloesser.hessen.de, www.schloesser-hessen.de
KAISER-WILHELMS-BAD: 61348 Bad Homburg, Tel. 06172/178 31 78, info@kur-royal.de, www.kur-royal.de
BRUNNENSÄLCHEN/CASINO: Kisseleffstr. 35, Im Kurpark, 61348 Bad Homburg, Tel. 06172/170 10, info@casino-bad-homburg.de, www.spielbank-bad-homburg.de

◀ Gipfel des Feldbergs ▶ Apsis der Erlöserkirche in Bad Homburg

AUF EINEN BLICK

SAALBURG: Am Römerkastell 1, 61350 Bad Homburg, Tel. 06175/93 74-0, info@saalburgmuseum.de, www.saalburgmuseum.de

HESSENPARK: Laubweg 5, 61267 Neu-Anspach, Tel. 06081/588-0, service@hessenpark.de, www.hessenpark.de

WOHNMOBILSTELLPLATZ LINDENHOF

ADRESSE: Jakob-Lengfelder-Str. 152, 61352 Bad Homburg, Tel. 06172/432 83, lindenhof.riess@web.de

ANFAHRT: Bad Homburger Kreuz auf 661 Richtung Bad Homburg, nächste Ausfahrt Bad Homburg nehmen auf Pappelallee, dann wieder die nächste Ausfahrt auf Südring rechts abbiegen, nächste links auf Am Römischen Hof, an der T-Kreuzung rechts auf asphaltierten Feldweg (nur für Anlieger), auf Brücke Straße überqueren, danach sofort rechts und wieder links, nach 200 Metern am Lindenhof links zum Stellplatz.

GPS: 50.210022, 8.633569

Einfacher, aber ruhig im Grünen bei einem Bauernhof gelegener Stellplatz mit netten Betreibern für fünf Wohnmobile auf Schotter. Auch für Dickschiffe geeignet. Angrenzend Wiese zur Nutzung für Tisch und Stühle. Der Bauernhof hat einen Hofladen und ein Café. Der Platz liegt direkt an der Regionalparkroute. Ausstattung: WC, Stromanschlüsse, Frischwasser, Entsorgung Chemietoilette möglich, keine Grauwasserentsorgung. Für mehr als eine Übernachtung telefonische Anmeldung erwünscht. 1,5 Kilometer zur U-Bahn-Haltestelle der U 2 nach Frankfurt.

Wer Lust auf ein frisch gebrautes, ungefiltertes Bier zu leckerem Essen in einem großen Biergarten hat, sollte den Kronenhof am südlichen Stadtrand ansteuern. Dort bekommt man aufgrund der Lage inmitten von Feldern sicher auch einen Parkplatz. Der Hof ist zwei Kilometer vom Stellplatz Lindenhof entfernt und am besten zu Fuß und mit dem Rad zu erreichen. Zeppelinstr. 10, 61352 Bad Homburg, Tel. 06172/28 86 62, www.hofgut-kronenhof.de.

▲ Fachwerkidylle in der Altstadt von Oberursel ◀ Stellplatz An der Hohemark ▶ Stellplatz Lindenhof bei Bad Homburg

WOHNMOBILSTELLPLATZ AN DER HOHEMARK

ADRESSE: Parkplatz am Taunus-Informationszentrum, Alfred-Lechler-Straße, 61440 Oberursel

ANFAHRT: Vom Bad Homburger Kreuz auf 661 Richtung Bad Homburg, Autobahn geht in die B 455 über, Ausfahrt Richtung Schmitten, Oberursel, Feldberg nehmen, am Kreisverkehr geradeaus und sofort rechts auf den Parkplatz beim Taunus-Informationszentrum. Stellplätze am Ende des Parkplatzes.

GPS: 50.21449, 8.53498

Stellplätze am Ende eines Parkplatzes beim Taunus-Informationszentrum für fünf Wohnmobile bis sieben Meter Länge. Kein Strom, keine Ver- und Entsorgung, keine Sanitäranlagen. Gebühr für 24 Stunden, zahlbar am Parkautomaten. Relativ ruhig gelegen direkt am Waldrand. Keine Möglichkeit, Tisch und Stühle aufzustellen. Café-Restaurant Waldtraut mit Frühstück am Wochenende am Platz. Verleih von E-Bikes. Startpunkt zahlreicher Wanderwege, auch zum Feldberg. Von der benachbarten U-Bahn-Endhaltestelle der U 3 kann man in sieben Minuten zur Altstadt von Oberursel und in 40 Minuten zur Frankfurter Hauptwache fahren.

BURGEN UND GRADIERWERKE

Die Perlen der westlichen Wetterau

Idyllisch im Grünen übernachten auf dem Stellplatz Tor zur Wetterau

7

Bad Nauheim ist eine der eleganten Kurstädte mit Parks und dem größten Jugendstilensemble Europas. Friedberg wartet mit seiner immer noch imposanten Reichsburg auf und Butzbach mit seinem fachwerkumstandenen Marktplatz. Von der beeindruckenden Burgruine Münzen^vberg überblickt man die ganze Wetterau.

Die letzte Eiszeit hinterließ der Wetterau mit ihren Lößböden ein fruchtbares Erbe, in dem schon früh Menschen siedelten. Weite Felder und üppige Streuobstwiesen prägen die stille, ländliche Region östlich des Taunus, an dessen Ausläufern einige kulturgeschichtliche Perlen auf Besucher warten. Dank der Sole- und Heilquellen ist in der Nähe von Friedberg der elegante Kurort Bad Nauheim entstanden. Schon die Kelten haben hier ab dem 3. Jahrhundert vor der Zeitrechnung Salz gesiedet in der größten bekannten frühindustriellen Anlage. Riesige Gradierwerke aus dem 18. Jahrhundert zeugen von einer Zeit, als die Nauheimer Saline eine der modernsten Salzfabriken Europas war. Im 19. Jahrhundert wurde Bad Nauheim ein mondäner Kurort, in dem Promis wie Mark Twain, Kaiserin Sisi oder die russische Zarin als Gäste abstiegen. Zu Beginn des 20. Jahrhunderts wurde die größte und modernste Kur- und Badeanlage im Jugendstil gebaut. Als einer der letzten Promis ging Elvis Presley in die Stadtgeschichte ein.

Der Sprudelhof in Bad Nauheim, Europas größtes Jugendstilensemble

Jugendstilmosaik mit Uhr im Sprudelhof

BAD NAUHEIM – PERLE DES JUGENDSTILS

Wahrzeichen Bad Nauheims und Gesamtkunstwerk ersten Ranges ist der Sprudelhof. Er stellt das größte zusammenhängende Jugendstilensemble Europas dar. Der moderne und kunstfördernde Darmstädter Landesfürst Ernst Ludwig von Hessen und bei Rhein initiierte den Bau dieser Kur- und Badeanlage, die zwischen 1905 und 1911 erbaut wurde. Ein monumentales Becken mit sprudelndem Heilwasser wird von Arkaden, Badehäusern und Schmuckhöfen umrahmt. Die Innenräume, Höfe und historischen Bäder kann man im Rahmen einer Führung besichtigen.

Auch der Bahnhof, 300 Meter nach Osten die Straße hinauf, ist im Jugendstil erbaut. In westlicher Richtung schließt sich der Kurpark an, den man über eine Brücke über das Flüsschen Usa erreicht. Gleich links steht seit 1892 das Schweizer Milchhäuschen, das für Milchkuren erbaut wurde. Heute beherbergt es ein ganztags geöffnetes Café (www.schweizer-milchhaus.de). Am oberen Ende des Parks erkennt man das ehemalige Kurhaus und jetzige Hotel Dolce, welches nach dem Krieg das durch Brandbomben zerstörte Kurhaus im Neorenaissancestil von 1866 ersetzte. Daneben befindet sich das angegliederte Jugendstil-Theater, das vom selben Architekten wie der Sprudelhof gestaltet wurde und in dem heute noch Konzerte und Theateraufführungen stattfinden. Im nördlichen Teil des Kurparks liegt am Ufer des Großen Teichs das altehrwürdige Teichhaus, das 1780 als Lustschloss erbaut wurde und heute ein schönes Restaurant und Café beherbergt.

7

IN MEMORIAM ELVIS

Links des Hotels Dolce steht vor dem Hotel Villa Grunewald das Elvis-Presley-Denkmal. 1958 wohnte der King of Rock 'n' Roll, der in Friedberg seinen Militärdienst ableisten musste und in Bad Nauheim leben wollte, im Hotel Grunewald. 1959 zog er mit seinem Clan für den Rest seines Aufenthalts in eine Villa in der Goethestraße 14. In Form von Ampelmännchen wurde ihm von der Stadt ein weiteres Denkmal gestiftet, das man z. B. in der Parkstraße Ecke Zanderstraße leuchten sehen kann.
Südlich wird der Kurpark von der Parkstraße begrenzt, hinter der sich die nette Altstadt mit Fußgängerzone, kleinen Geschäften und zahlreichen Lokalen befindet. Östlich davon jenseits der Kurstraße erstreckt sich eine weitere Gartenanlage, in deren südlichem Bereich 1910 bis 1912 die hufeisenförmige Trinkkuranlage mit Trinkhalle, Wandelgängen und einer Konzertmuschel im Jugendstil errichtet wurde.

MEHR GÄRTEN UND SALINEN

Überquert man in östlicher Richtung die Zanderstraße, setzt sich der Park fort. In der Mitte liegt die Bücherei und daneben der Gradierbau I mit dem Inhalatorium. Das an den Wänden herunterrieselnde salzige Wasser reichert die Luft mit Salzkristallen an, was sich positiv auf die Atemwege auswirkt. Im Inneren des Gradierwerks erlebt man das am intensivsten im Inhalatorium, wo die Luft künstlich vernebelt wird.
Ein Stück die Zanderstraße entlang Richtung Süden kommt man zum Gradierwerk II, neben dem sich der Gesundheitsgarten befindet, vor allem ein Garten der Sinne. An zehn interaktiven Stationen erlebt man neue Sinneserfahrungen und trainiert seine motorischen Fähigkeiten. Ein Fitnessparcours und Kneippanlagen ergänzen das Angebot. Weiter Richtung Süden die Zanderstraße entlang, breitet sich rechts der Usa der Südpark aus, an dessen südlichem Ende sich das Gradierwerk III befindet. Am östlichen Ende der Saline wartet das hübsche Café Ludwigsbrunnen mit Biergarten neben dem namensgebenden Brunnen, an dem man gerne das Heilwasser probieren kann. Das zehn Meter im Durchmesser messende Wasserrad nutzt seit 1740 die Wasserkraft der Usa zur Beförderung des salzhaltigen Wassers auf das Gradierwerk. Zu dem Thema gibt es in Schwalheim (1,4 Kilometer östlich zu Fuß zu erreichen) mehr zu

7

sehen. Auf dem Weg dorthin kommt man noch an den beiden zusammengebauten Gradierwerken IV und V vorbei, die früher mal ein Windrad zum Antrieb nutzten. Nach Überquerung der B 3 erreicht man geradeaus das Schwalheimer Rad. Es hat ebenfalls einen Durchmesser von knapp zehn Metern, wurde 1745 bis 1748 gebaut und zählt zu den größten Wasserrädern Europas. Es nutzte die Kraft der Wetter, um über ein 1,3 Kilometer langes Holzgestänge, von dem man heute noch 150 Meter sehen kann, ein Pumpwerk anzutreiben. Das Häuschen neben dem Rad wurde für den Wärter der Anlage gebaut.

Tipp

Am westlichen Ende des Gradierwerks I befindet sich der Keltenpavillon, ein kleines Museum, in dem Besucher wie die Kelten vor über 2000 Jahren mittwochs und an Wochenenden nachmittags selbst Salz sieden können. Zanderstr. 3, 61231 Bad Nauheim.

FRIEDBERGS KAISERLICHE REICHSBURG

Von Burg Friedberg, im nördlichen Bereich der Stadt gelegen und von den Staufern gegründet, ist heute nichts mehr vorhanden. Die ältesten noch erhaltenen Bauten sind aus dem 14. bis 16. Jahrhundert. Die Burgmannenhäuser kamen im 15. bis 18. Jahrhundert hinzu. Von den ursprünglich zwei Bergfrieden ist noch der Adolfsturm von 1347 erhalten, heute das Wahrzeichen von Friedberg. Die noch voll erhaltene Umwehrung stammt aus dem 14. bis 16. Jahrhundert. Ab dem 17. Jahrhundert wandelte sich die Burg zum Herrensitz.

Von der Stadt kommend betritt man das Burggelände durch das mächtige Südliche Burgtor mit der Burgwache. Auf der rechten Seite sieht man das Burggrafiat oder Schloss im Renaissancestil, 1604 bis 1610 vom Burgherrn von Kronberg erbaut. Im Zentrum steht die frühklassizistische Burgkirche und am nördlichen Ende der 58 Meter hohe Adolfsturm, der an Wochenenden von 14 bis 18 Uhr geöffnet ist. Östlich der Burganlage befinden sich der Hirschgraben und Burggarten.

Eine der Topsehenswürdigkeiten von Friedberg ist das Historische Judenbad von 1260 in der Judengasse. Die Stufen zur Mikwe führen 25 Meter in die Tiefe. Sie ist von den wenigen in Europa erhaltenen die eindrucksvollste.

▲ Prächtige Fachwerkhäuser und Brunnen auf dem Marktplatz von Butzbach
▼ Das beeindruckende südliche Burgtor führt zum Burggelände in Friedberg.

ROMANISCHES ILBENSTADT

Gut acht Kilometer südlich ist das wenig bekannte Kloster Ilbenstadt, ein ehemaliges Prämonstratenser Chorherrenstift mit einer romanischen Kirche, einen Abstecher wert. Mit dem Bau der Basilika und des Klosters wurde 1122 begonnen. Im 17. Jahrhundert wurden die alten Klostergebäude durch Barockbauten ersetzt. in dem Zuge erhielt die Kirche die heute noch existente Orgel des Mainzer Orgelbauers Johann Onimus. Besonders schön sind die romanischen Türme des Westwerks.

PERLE DER WETTERAU

Butzbach bezeichnet sich als Perle der Wetterau. Am Rande des Taunus und der Wetterau gelegen, hat die Stadt einen von schönen Fachwerkhäusern umstandenen Marktplatz, einen der schönsten in Hessen. 1321 wurden dem Ort Stadtrechte verliehen, die es ihm erlaubten, eine Stadtmauer zu bauen. Westlich des Marktplatzes ist noch ein Stück von ihr samt Schwibbogenhäusern vorhanden. Es sind Tiny Houses des Mittelalters, die an der Stadtmauer kleben. Zwei Straßen vom Marktplatz Richtung Nordosten steht im malerischen Kirchhof die St.-Markus-Kirche, eine mittelalterliche Basilika, die im 15. Jahrhundert zu einer dreischiffigen Hallenkirche mit drei Chören umgebaut wurde. Der gotische Glockenturm trägt einen barocken Turmhelm.

Romanische Fenster im gut erhaltenen Palas der Burgruine Münzenberg

Mittelalterliches Gebäudeensemble mit Michaeliskapelle in Butzbach

Am südlichen Rand der Altstadt steht das Solmser Schloss, ein spätgotisches Steinhaus, das 1481 unter Einbeziehung der Stadtmauer erbaut wurde. Das prächtige Renaissance-Treppenhaus wurde 1588 hinzugefügt. In direkter Nachbarschaft liegt das Landgrafenschloss an der Stelle einer früheren mittelalterlichen Wasserburg. 1818 wurde es zur Kaserne umgebaut und diente als solche bis 1991. Das ist leider auch der Eindruck, den man als Besucher bekommt. Wer sich näher für die Stadt interessiert, dem sei eine der angebotenen Stadtführungen empfohlen: www.stadt-butzbach.de/kultur/stadtfuehrungen.

MÜNZENBERG – DIE BARBAROSSA-BURG

Schon aus der Ferne kann man durch Form und Größe ahnen, dass es sich bei der Burguine Münzenberg um etwas Besonderes handeln muss. Sie wurde tatsächlich von Kaiser Barbarossa um 1160 bis 1170 errichtet und im 13. Jahrhundert erweitert. Der Palas der Ruine mit seinen romanischen Fenstern ist der einzige aus dem 12. Jahrhundert in ganz Mitteleuropa, der nie verändert wurde. Ebenfalls aus dem 12. Jahrhundert stammen die innere Ringmauer und der östliche Bergfried, von dem man eine tolle Aussicht über die Wetterau genießen kann. Die Ringmauer folgt oval gestreckt den natürlichen Gegebenheiten des aus Basalt bestehenden Bergkegels. Trotz Zerstörung im Dreißigjährigen Krieg ist die Ruine authentisch erhalten.

AUF EINEN BLICK

Info

STADT/REGION: Bad Nauheim, Wetterau
BESTE REISEZEIT: Frühling bis Herbst
OPTIMALE REISEDAUER: 2 Tage
TOURISTINFO: Tourist Information Bad Nauheim, In den Kolonnaden 1, 61231 Bad Nauheim, Tel. 06032/92 99 20, info@bad-nauheim.de, www.bad-nauheim.de
Tourist-Information Butzbach, Marktplatz 1, 35510 Butzbach, Tel. 06033/99 53 10, tourist-info@stadt-butzbach.de

SEHENSWÜRDIGKEITEN

SPRUDELHOF: sprudelhof.de/besichtigung
JUGENDSTIL-THEATER: Elvis-Presley-Platz, 61231 Bad Nauheim
TEICHHAUS: www.teichhaus.de
KELTENPAVILLON: Keltenpavillon, Zanderstr. 3, 61231 Bad Nauheim (neben Gradierbau I)
HISTORISCHES JUDENBAD: Judengasse 20, 61169 Friedberg, Tel. 06031/882 15, www.wetterau-museum.de
BURGRUINE MÜNZENBERG: Tel. 06004/29 28, www.muenzenberg.de

WOHNMOBILSTELLPLATZ AM USA WELLENBAD

ADRESSE: In der Au 2, 61231 Bad Nauheim, Tel. 06032/919 30, info@usa-wellenbad.de
ANFAHRT: B 3 Ausfahrt Bad Nauheim-Süd/Usa-Wellenbad in Richtung Bad Nauheim Stadtmitte, am Kreisverkehr rechts abbiegen, dann links zum Usa Wellenbad.
GPS: 50.3536, 8.74231
20 Wohnmobilstellplätze auf separat ausgeschildertem Bereich

◀ Romanisches Kapitell, Klosterkirche Ilbenstadt ▶ Burgruine Münzenberg

Wohnmobilstellplatz am Usa Wellenbad in Bad Nauheim

des Parkplatzes am Usa Wellenbad (Frei- und Hallenbad). Teilweise schattig durch Bäume, beleuchtet. Toiletten im Schwimmbad nutzbar während der Öffnungszeiten, kein Strom, keine Ver- und Entsorgung. Bushaltestelle direkt auf dem Stellplatz. Gebühr zahlbar an der Kasse des Schwimmbads. Ganzjährig geöffnet. Der Stellplatz ist für die Besichtigung von Bad Nauheim und Friedberg sehr günstig gelegen. 600 Meter zu Fuß oder per Rad nach Bad Nauheim zum Ludwigsbrunnen, 1,6 Kilometer zum Sprudelhof. Ebenfalls 1,6 Kilometer zur Burg Friedberg.

STELLPLATZ TOR ZUR WETTERAU

ADRESSE: Kaicher Weg, 61184 Karben (Burg-Gräfenrode), Tel. 06656/911 63 63

ANFAHRT: Von der B 45 in Ilbenstadt Richtung L 3351 Richtung Karben, in Burg-Gräfenrode links abbiegen in den Kaicher Weg. Von der B 3 abbiegen auf Nordumgehung Karben, am Kreisverkehr links abbiegen auf L 3351 nach Burg-Gräfenrode, im Ort rechts abbiegen in den Kaicher Weg, nach genau 500 Metern hinter der Scheune auf der linken Seite.

GPS: 50.25658, 8.80331

Ein ganz spezieller Stellplatz für drei Wohnmobile, abgelegen in ruhiger, ländlicher Idylle auf einer Obstwiese bei einer Scheune, umgeben von Feldern. Leicht schräg, auf Wiese. Kein Strom, keine Ver- und Entsorgung, keine Sanitäranlagen. Gebühr zu zahlen beim Eigentümer, der auf den Platz kommt, idealerweise vorher anrufen.

IM BILDERBUCH DER GESCHICHTE

Highlights zwischen Vogelsberg und Wetterau

Die Ronneburg – eine mittelalterliche Burganlage wie aus dem Bilderbuch

8

Wo die Wetterau in den Vogelsberg übergeht, sind Zeugnisse der Geschichte malerisch und eindrucksvoll erhalten geblieben: von den Grabhügeln der Kelten am Glauberg über das perfekt erhaltene mittelalterliche Stadtbild von Büdingen, die wie aus dem Märchenbuch stammende Ronneburg bis zum verträumten Kurort Bad Salzhausen.

AUF ZEITREISE IN BÜDINGEN

Um eine im 12. Jahrhundert angelegte Wasserburg der Herren von Büdingen zwischen zwei Armen des Seemenbachs wuchs eine Siedlung. Die Burg wurde 1258 von den Grafen von Ysenburg übernommen, die bis heute in der 23. Generation das Anwesen bewohnen. Die Ansiedlung wuchs und erhielt 1330 Stadtrechte. Ab 1353 wurde eine Altstadtmauer gebaut, die bereits 1390 um eine entstandene Neustadt erweitert werden musste. 1480 bis 1510 wurde die gesamte Stadt mit einem mächtigen Befestigungsring mit 22 Türmen umschlossen.

Vom neu angelegten Wohnmobilstellplatz beim Schwimmbad erreicht man die Altstadt bequem zu Fuß. Ein Weg führt an der südlichen Festungsmauer am Seemenbach entlang, an dem man an der historischen Schlossmühle vorbeikommt, die noch mit einem Wasserrad ausgestattet ist. Beim Mühltor betritt man die Altstadt und trifft gleich auf das Steinerne Haus, das als Stadtresidenz 1510 für Graf Johann zu Ysenburg errichtet wurde und ursprünglich mit dem Stadttor verbunden war.

Geradeaus führt die Hauptstraße, die hier Altstadt heißt, durch den Ortskern. Gleich zu Beginn kann man im gemütlich-urigen Café Bistro Hexenstübchen einkehren. Gleich danach erreicht man rechts das Rathaus mit dem spätgotischen Treppengiebel und einer hohen Halle im Erdgeschoss, in der Markt abgehalten wurde und heute Sonderausstellungen stattfinden. Im Stock darüber ist das nach dem Heimatforscher Karl Heuson benannte Heuson Museum untergebracht. Am Marktplatz befindet sich ein weiteres imposantes spätgotisches Steingebäude, das Wirtshaus zum Schwan, das um 1500 als Wirtshaus und Herberge errichtet wurde. Heute ist hier das 50er-Jahre-Museum untergebracht. Seit dem 18. Jahrhundert spendet der barocke Brunnen auf dem Platz frisches Trinkwasser.

Die malerische Obergasse in Büdingen

Tipp

Büdingen, das bereits von den Kelten besiedelt wurde, ist bekannt für seine spannenden und abwechslungsreichen **Stadt- und Erlebnisführungen**. Die Termine findet man in einem Flyer und auch auf der Internetseite www.buedingen.info/planen-informieren/Digitales-Flyerregal.

ALTSTADT ZWISCHEN DEN TOREN

Überquert man den Marktplatz, trifft man auf die malerische, schmale **Obergasse**, die nach rechts zum Obertor führt, dem östlichen Zugang zur Stadt. Dor wurde auch 1569 der **Oberhof** als geschlossene Hofhaltung von einem Eisenacher Baumeister errichtet. Im Inneren ist ein Saal mit Kreuzrippengewölbe sehenswert. Der Hof dient heute als Kulturzentrum und beherbergt das **Modellbau-Museum**.

Das westliche Ende der Altstadt wird vom Untertor, das auch **Jerusalemer Tor** heißt, kontrolliert. Es ist das einzige Stadttor, das im 19. Jahrhundert nicht den Verkehrsplanern zum Opfer fiel. Heute ist es Büdingens Wahrzeichen. Das Innere des Bauwerks dient heute als **Sandrosenmuseum**. Sandrosen sind eine Laune der Natur aus einer frühen Epoche der Erdgeschichte, bei der aus Sandkristallen skurrile Gebilde entstanden sind. Es gibt weltweit nur zwei Fundorte hierfür, in Oklahoma und der Wetterau. Vor dem Jerusalemer Tor wurde im 18. Jahrhundert der neue Straßenzug **Vorstadt** mit zweigeschossigen Fachwerkhäusern für Neusiedler und Glaubensflüchtlinge angelegt.

FÜRSTLICH GENIESSEN

Geht man den Weg durch die Stadt zurück, erreicht man nach dem Marktplatz über die links abzweigende Müllergasse die Marienkirche, eine spätgotische Hallenkirche. Der Marienkirche schließt sich der weitläufige Schlossplatz an, hinter dem das Schloss Büdingen aufragt. Obwohl es heute noch von der Fürstenfamilie bewohnt wird, kann man das Schlossmuseum im Rahmen einer Führung besichtigen. Die Schlossanlage bietet auch Gästezimmer im romantischen Drei-Sterne-Hotel. In der Vorburg ist außerdem das modern-geschmackvoll gestaltete Schlosscafé mit Terrasse untergebracht. Außer den Torten sind die frischen Waffeln sehr beliebt (www.stroh-schlosscafe-buedingen.de).

WER LUST HAT, EINEN KLEINEN SPAZIERGANG zu einem mystischen Ort mit wunderbarer Aussicht auf die Büdinger Altstadt zu machen, sollte zum Wilden Stein gehen. Überquert man am Mühltor die vorbeiführende Straße, geht ein paar Meter nach links und dann rechts durch die Kellergasse, bis nach 200 Metern links eine Treppe bergauf führt, erreicht man bald die interessante Felsformation aus Basalt. Was es damit auf sich hat, kann man auf einer Tafel lesen und dann hinaufsteigen, um den Blick auf die Altstadt zu genießen.

GEHT MAN DURCH DIE SCHLOSSGASSE zurück Richtung Mühltor, kommt man an einem Steinhaus vorbei (Nr. 14), das 2019 saniert wurde und als Hotel Restaurant STEINHAUS 1718 seine Pforten öffnete. Hier kann man in geschmackvoll eingerichteten Räumen oder im Außenbereich regionale Küche auf hohem Niveau genießen und dabei den Köchen hinter der Glasscheibe über die Schulter schauen.

MÄRCHENSCHLOSS RONNEBURG

Die märchenhaft auf einem Felssporn thronende Ronneburg, 1231 erstmalig erwähnt, wurde von den Staufern zum Schutz von Handelswegen genutzt. 1476 ging sie in den Besitz der Büdinger Fürsten zu Ysenburg über und wurde im 16. Jahrhundert umgebaut, so wie wir sie heute weitgehend

Prähistorischer Grabhügel in der Keltenwelt am Glauberg

noch sehen. Beeindruckend ist die Demonstration der Tiefe des Brunnens von 96 Metern. In der Burgküche brennt das Feuer auf dem offenen Herd, wenn das Burgmuseum für Besucher geöffnet hat. In vielen Räumen kann man noch Malereien aus dem 16. Jahrhundert sehen. Die Räume und Exponate des Burgmuseums kann man erfreulicherweise auch ohne Führung selbst erkunden.
Über das Jahr bietet die Burg zahlreiche Veranstaltungen für die Besucher. Beginnend mit Ostermarkt, Walpurgisnacht und Maimarkt gibt es zu Pfingsten ein Ritterturnier, im Sommer mittelalterliche Burgfestspiele und an drei Wochenenden sogar einen Weihnachtsmarkt.

KELTENWELT AM GLAUBERG

Mitte der 1990er-Jahre haben Archäologen einen sensationellen Fund gemacht. Sie legten am Glauberg Hügelgräber frei und fanden eine lebensgroße Statue eines Keltenfürsten, die 2400 Jahre in der Erde geschlummert hatte. Von drei weiteren Statuen wurden Segmente gefunden. Außerdem fand man Löcher von Holzpfosten, deren Bedeutung noch unklar ist. Der Glauberg war seit 7000 Jahren immer wieder besiedelt. Seine Blüte erlebte er in der Zeit der Kelten vor rund 2400 Jahren. Auf dem Bergplateau befand sich damals ein Sitz keltischer Fürsten. Auch im Mittelalter stand auf dem Glauberg eine Reichsburg.
Für das Museumsprojekt Keltenwelt am Glauberg wurde einer der Grabhügel rekonstruiert und 2011 ein spektakulärer Museumsbau zur Präsentation der noch spektakuläreren Funde am Glauberg eröffnet. Auf dem Plateau richtete man den Keltenwelt-Pfad ein, über den man das Gelände erkunden kann.

ART DÉCO IN STOCKHEIM

Architekturinteressierte sollten einen Abstecher zur Dorfkirche von Stockheim, wenige Kilometer nördlich von Glauburg, machen. Die Kirche St. Judas Thaddäus wurde 1927 in reinem Art déco erbaut und ist damit einzigartig im weiten Umfeld. Im Innenraum herrschen Blautöne vor, das Deckengemälde zeigt das Jüngste Gericht. Die flächige Darstellung von Motiven ohne Schatten ist typisch für den Stil der Zeit.

KLOSTERKIRCHE IM BAUERNHOF

Noch mal ein Stück weiter nördlich findet man drei Kilometer entfernt die spärlichen, aber interessanten Überreste des romanischen Klosters Konradsdorf, quasi versteckt auf einem Bauernhof. Beides gehört dem Land Hessen, das sich lange nicht um das architektonische Kleinod bestehend aus der Klosterkirche und der Propstei gekümmert hat. Letztere mit ihren romanischen Fenstern wurde endlich saniert, und die Kirche soll vor dem Verfall bewahrt werden, indem sie einen Ersatz für das linke fehlende Seitenschiff bekommt. Kirche und Propstei zählen zu den bedeutendsten Bauensembles des 12. Jahrhunderts im Rhein-Main-Gebiet.

VERTRÄUMTES BAD SALZHAUSEN

Weitere 15 Kilometer Richtung Norden liegt Bad Salzhausen, Hessens kleinstes Kurbad. Hier ist alles ein bisschen wie in einem großen Kurort, aber ruhiger und entspannter. Der Aufstieg zum Kurort ist dem Chemiker Justus von Liebig zu verdanken, der die Heilwirkung der Quellen erkannte. Man parkt am besten auf dem Parkplatz unter alten Bäumen am südlichen Ortsrand links in der Kurallee und geht die Straße weiter entlang. Links steht die eine oder andere schöne alte Villa, rechts kommt man zur Justus-von-Liebig-Therme mit Solebewegungsbad, Sauna und Salzgrotte. Schräg gegenüber befindet sich das innen geschmackvoll modernisierte Kurhaus-Hotel mit gehobener Gastronomie. Hinter der Therme erstreckt sich der untere Kurpark mit der historischen Trinkkuranlage, einem kleinen Gradierbau und vier der insgesamt sechs Heilquellen. Oberhalb der Kurallee am Berghang erstreckt sich der obere Kurpark mit Skulpturenpark und dem historischen Parksaal. Inmitten des Parks liegt ein kleines Fachwerkbahnhofsgebäude an einer eingleisigen Bahnlinie.

AUF EINEN BLICK

Info

STADT/REGION: Östliche Wetterau
BESTE REISEZEIT: Frühling bis Herbst
OPTIMALE REISEDAUER: 2 Tage
TOURISTINFO: Büdinger Tourismus und Marketing GmbH, Marktplatz 9, 63654 Büdingen, Tel. 06042/963 70, mail@buedingen.info, www.buedingen.info

SEHENSWÜRDIGKEITEN

HEUSON MUSEUM: Rathausgasse 6, 63654 Büdingen, Tel. 06042/95 00 32, www.heuson-museum.de
MODELLBAU-MUSEUM: Obergasse 23f, 63654 Büdingen, Tel. 06042/978 64 77, www.modellbaumuseum-buedingen.de
SANDROSENMUSEUM: www.buedingen.info/entdecken-erleben/Museen-und-Galerien/Sandrosenmuseum
SCHLOSS BÜDINGEN: Schlossplatz 1, 63654 Büdingen, Tel. 06042/964 70, www.schloss-buedingen.de
RONNEBURG: Auf der Burg, 63549 Ronneburg, Tel. 06048/95 09 05, www.burg-ronneburg.de
KELTENWELT AM GLAUBERG: Am Glauberg 1, 63695 Glauburg, Tel. 06041/82 33 00, www.keltenwelt-glauberg.de
KIRCHE ST. JUDAS THADDÄUS: Sudetenstr. 3, 63695 Glauburg-Stockheim
KLOSTER KONRADSDORF: Konradsdorf, 63683 Ortenberg
BAD SALZHAUSEN: www.bad-salzhausen.de

WOHNMOBILSTELLPLATZ BÜDINGEN

ADRESSE: In den Jägerwiesen 3, 63654 Büdingen, Tel. 06042/963 70
ANFAHRT: Aus Richtung Süden über die B 457 am dritten Kreisverkehr geradeaus in die Gymnasiumstraße. Aus Richtung Westen über die B 457 am zweiten Kreisverkehr links abbiegen in die Gymnasiumstraße. Dem Verlauf der Straße bis zum Ortsende folgen. Die Anfahrt erfolgt über die Einfahrt zum Büdinger Freibad links der Straße.
GPS: 50.29099, 9.12481

◀ Wohnmobilstellplatz Echzell ▶ Wohnmobilstellplatz Büdingen

Neu angelegter Stellplatz am Freibad. Die Stellplätze für acht Wohnmobile sind gepflastert und jeweils 3,30 Meter breit und 12 Meter lang. Ein 2,70 Meter breiter Streifen Aufenthaltsfläche gehört zu jedem Stellplatz. Zwei Picknickbänke befinden sich auf dem Gelände. Die Stellplätze sind gebührenpflichtig, Strom und Wasser können gegen Gebühr genutzt werden (Automaten mit Münzgeld). Die Entsorgung von Grauwasser über Bodeneinlass ist kostenlos. Die Stellplatzgebühr kann an einem Parkscheinautomaten oder per Handy-App bezahlt werden. Die Altstadt ist innerhalb von zehn Minuten über einen Fußweg zu erreichen. Freitags von 9 bis 18 Uhr lädt der Wochenmarkt zum Einkauf ein.

WOHNMOBILSTELLPLATZ AN DER HORLOFFTALHALLE ECHZELL

ADRESSE: Am Preulen 1, 61209 Echzell, Tel. 06008/912 00
ANFAHRT: A 45 Ausfahrt Wölfersheim, B 455 Richtung Richtung Wölfersheim, nächste Abzweigung links abbiegen nach Echzell. In Echzell an der T-Kreuzung Hauptstraße links, dann drei Abzweigungen rechts Bisseser Straße. Nach 600 Metern rechts abbiegen (beschildert).
GPS: 50.39001, 8.89431
Kostenloser Stellplatz beim Sportplatz in Echzell neben dem Parkplatz am Ortsrand. Drei großzügige Stellplätze auf Rasengittersteinen mit Rasenstreifen als Aufenthaltsfläche, angrenzend große Wiese, für Dickschiffe geeignet. Ruhige Lage, kein Schatten. Stromanschlüsse, Ver- und Entsorgung mit Bodeneinlass am Platz. Zentrum, ÖPNV und Bahnhof fußläufig erreichbar. Griechisches Restaurant in unmittelbarer Nähe, weitere Lokale im Ort. Ganzjährig nutzbar.

AN DEN GESTADEN DES MAINS

Sehenswertes zwischen Offenbach und Hanau

Die Dietesheimer Steinbrüche sind ein canyonartiges Naturschutzgebiet.

9

Entlang des Mains östlich von Frankfurt reihen sich zwischen Offenbach und Hanau Schlösser und Parks wie Perlen auf. Aber auch interessante Museen mit ungewöhnlichen Sammlungen und Grimms Märchenreich gilt es zu entdecken und ein canyonartiges Naturschutzgebiet mit Wald, Seen und Felsen.

Mit Offenbach verbinden viele architektonische Bausünden mit Betonarchitektur in der Stadtmitte. Die Stadtplaner und Architekten der 60er- bis 80er-Jahre haben eine dem damaligen Zeitgeist entsprechende moderne Innenstadt aus Beton geschaffen. Dafür hat man heute den treffenden Namen Brutalismus. Manches ist inzwischen wieder entfernt worden, vieles heruntergekommen. Zwischen dem Zentrum und dem Main bietet Offenbach dafür ein ganz anderes Bild mit Schlössern, Parks, Museen, Uferpromenade und wöchentlichem Flohmarkt.
Den günstig gelegenen Parkplatz für Pkw und Busse am Mainufer erreicht man über die Zufahrt Mainstraße Ecke Speyerstraße (GPS: 50.110220, 8.760068). Auf einem Teil des Geländes findet samstags der Flohmarkt statt.

MUSEEN IN OFFENBACH

Etwas abgelegen im Westen des Zentrums liegt der Klassiker der Geheimtipps unter den Museen, der längst weithin bekannt und einzigartig ist: das Deutsche Ledermuseum. Es ist das weltweit einzige Museum, das sich dem Thema Leder derart intensiv widmet. Es wurde bereits 1917 mit der Intention gegründet, »die Ledergewinnung und Lederverarbeitung aller Zeiten und aller Völker« zu dokumentieren. Eine Schuhsammlung mit 15 000 Exponaten verleiht dem heute noch Ausdruck. Zwischen Kaiserstraße und Mainstraße liegt das Büsing-Palais, in dessen Südflügel das Klingspor Museum untergebracht ist. Es widmet sich der Buch- und Schriftkunst des 20. und 21. Jahrhunderts. Grundstock ist die Sammlung der gleichnamigen ehemaligen Offenbacher Schriftgießerei. Es gibt regelmäßig Sonderausstellungen. Ein drittes interessantes Museum ist das Haus der Stadtgeschichte. In einer ehemaligen Tabakfabrik wurden das Stadtmuseum und das Stadtarchiv gemeinsam untergebracht. Die Geschichte der Stadt von der Prähistorie über die Industrialisierung bis hin zur Gegenwart sind hier die Hauptthemen.

Bogengänge der Renaissancefassade von Schloss Isenburg

SCHLÖSSER AM MAIN

Das Büsing-Palais ist Offenbachs repräsentativstes Gebäude. Von zwei Schnupftabak-Fabrikanten wurde es 1775 als Stadtpalais erbaut und 1901 bis 1907 zu einer neobarocken Anlage ausgebaut. Einmal im Jahr im August wird der Büsing-Park beim Lichterfest, wo sich die Besucher zum Picknick niederlassen und einem Konzert der Neuen Philharmonie Frankfurt lauschen, von 70 000 Lichtern illuminiert.

Zwischen dem Büsing-Park und dem Mainufer versteckt sich noch ein architektonisches Kleinod aus Goethes Zeiten. Der klassizistische Lili-Tempel wurde 1798 im Auftrag des Bankiers Friedrich von Metzler als Sommersitz der Familie in Offenbach erschaffen, um am Main in einer Badegrotte zu baden. Wunderschön saniert liegt er heute durch die Flussbegradigung im 19. Jahrhundert nicht mehr am Main, aber idyllisch an einem kleinen Teich, eingefriedet von einem schmiedeeisernen Zaun, und dient als Eventlocation. Auf dem Parkplatz und am Maindamm findet jeden Samstag von 8 bis 14 Uhr ein großer, uriger Flohmarkt statt, der regelmäßig tausende Besucher anzieht.

300 Meter flussaufwärts trifft man auf das rote Isenburger Schloss, in dem nach seiner Fertigstellung 1564 die Isenburger Grafen residierten. Während die dem Main zugewandte Seite einen festungsartigen Charakter hat, macht die gegenüberliegende Südseite mit ihren prächtigen Arkaden das Schloss zu einem der schönsten Renaissancebauten Deutschlands. Die Räume werden von der Hochschule für Gestaltung genutzt.

DAS OFFENBACHER MAINUFER

Jenseits der Mainstraße erstreckt sich entlang des Flusses der Mainuferpark, ein Naherholungsgebiet für die Offenbacher Bevölkerung mit Beachvolleyballanlage, Spielplätzen und mehreren Rasenflächen. Esskultur im maritimen Ambiente bietet das Restaurantschiff Backschaft, das flussabwärts kurz vor dem großen Uferparkplatz angelegt wurde.

DER UFERWEG IST AUCH TEIL DES MAINRADWEGS, einem beliebten Fernradweg, über den man von der Mündung in den Rhein bei Mainz und Wiesbaden bis nach Bayreuth immer am Fluss entlangfahren kann. Besonders an Wochenenden ist er stark frequentiert von Radlern, die auf einem Tagesausflug unterwegs sind. Man kann in frei wählbaren Abschnitten zum Beispiel flussaufwärts bis Hanau (14 Kilometer) oder Seligenstadt (28 Kilometer) fahren, wunderbar im Grünen ohne Autoverkehr immer am Main entlang. In der anderen Richtung erreicht man in einer Viertelstunde auf dem ebenfalls verkehrsfreien Uferweg die Stadtmitte von Frankfurt.

WEITER AUF SCHLÖSSERTOUR

Über den Mainuferradweg erreicht man in nur sechs Kilometern das Rumpenheimer Schloss, eine dreiflügelige Schlossanlage, die 1678 als Wohn- und Sommerresidenz der Landgrafen von Hessen-Kassel erbaut wurde und heute eine private Wohnanlage ist. Gartenseite und Park mit Schlosskirche und Mausoleum sind frei zugänglich.
Hinter dem Schloss liegt das Örtchen Rumpenheim mit seinen engen Gassen, in dem viele Künstler leben. Im Herbst veranstalten sie an einem Wochenende die Rumpenheimer Kunsttage (www.rumpenheimerkunsttage.de), an denen sie ihre Ateliers öffnen und ihre Kunst der Öffentlichkeit zeigen. Direkt beim Schloss legt die kleine Fähre an, die auch Wohnmobile mitnimmt, und mit der man das andere Ufer mit dem Mainradweg und der B 8 erreicht, um nach Hanau zu fahren. In Hanau-Kesselstadt liegt direkt am Mainufer leicht erhöht auf einer Terrasse das prächtige Schloss Philippsruhe mit Schlosspark und Orangerie. Es wurde 1700 bis 1725 für den Hanauer Grafen Philipp Reinhard erbaut. Durch Umbauten im

Historismus wurde das Aussehen des Schlosses etwas verändert. In den prunkvollen Räumen des Hauptgebäudes befindet sich das Historische Museum Hanau mit dem Papiertheater-Museum. Im rechten Seitenflügel erwartet Kinder die zauberhafte Welt von Grimms Märchenreich, in die Erwachsene und Kinder im interaktiven Museum tief eintauchen können. Am Ende des Schlossparks im Amphitheater finden alljährlich die Brüder-Grimm-Festspiele statt (www.festspiele.hanau.de).

DIE LEIBLICHEN GENÜSSE kommen im Schloss nicht zu kurz. In der Beletage über dem Haupteingang befindet sich das Schlosscafé, am südlichen Ende über dem Rheinufer die sonnenverwöhnte Schlossterrasse im Loungestil. Direkt darunter liegt der Gewölbekeller mit saisonaler und regionaler Küche und davor ein Biergarten. www.schlossphilippsruhe-hanau.de/gastronomie.

LUSTWANDELN IM BAROCKEN WILHELMSBAD

Vom Schloss Philippsruhe erreicht man über die zwei Kilometer lange, schnurgerade Burgallee die Kuranlage und den Staatspark Wilhelmsbad. Der Erbprinz Wilhelm von Hessen-Kassel initiierte 1777 den Bau eines Badehauses, bis 1785 ließ er weitere Gäste- und Gesellschaftshäuser wie den Arkadenbau, den Kavalierbau und das Komödienhaus errichten. Weltgeschichte im Puppenformat bietet das Hessische Puppen- und Spielzeugmuseum im Arkadenbau.

Das Gebäudeensemble ist umgeben von einem weitläufigen Landschaftsgarten im englischen Stil mit künstlicher Burgruine, Pyramide und einem historischen Karussell aus dem Jahr 1789. Wie eh und je lädt er heute noch zum Flanieren ein. Man kann auch an Führungen durch verschiedene Teilbereiche teilnehmen (www.wilhelmsbad-erleben.de).

HEIMAT DER BRÜDER GRIMM

Von der einstigen Fachwerkaltstadt Hanaus ist nach dem Krieg nichts übrig geblieben. Selbst die Ruinen von Steingebäuden und sogar die Reste der mittelalterlichen Stadtbefestigung wurden in den Nachkriegsjahren platt gemacht, um Platz für Modernes zu schaffen. Immerhin hat man

◀ Wilhelmsbad ▶ Denkmal der Brüder Grimm vor dem Hanauer Rathaus

die Ruinen der Wallonisch-Niederländischen Kirche als Mahnmal stehen lassen. Vor dem barocken Rathaus auf dem Neustädter Marktplatz steht das Brüder-Grimm-Nationaldenkmal, das alle Luftangriffe überstanden hat. Mittwochs und samstags belebt ein Wochenmarkt den Platz.

Am Freiheitsplatz, wo früher das Stadttheater, das Zeughaus, die Alte Münze und das Geburtshaus der Brüder Grimm standen, ist vor einigen Jahren das Einkaufs- und Kulturzentrum Forum Hanau entstanden. Ein Stück weiter nördlich ist aus Ruinen in den 1950er-Jahren das Deutsche Goldschmiedehaus wiedererstanden. Zwischen Nachkriegsbauten steht dieses wunderschöne und mächtige Fachwerkhaus mit Treppengiebeln im Stil der Renaissance. Seit 1942 wird das ehemalige Rathaus als Museum für die Gold- und Silberschmiedekunst genutzt. Hier ist auch der Sitz der Gesellschaft für Goldschmiedekunst e. V.

UNTERWEGS IN DER NATUR

Für Erwachsene und Kinder lohnt noch ein Abstecher zum sieben Kilometer südlich von Hanau gelegenen Wildpark Alte Fasanerie. Auf dem 107 Hektar großen, vorwiegend bewaldeten Gelände leben rund 40 mittel- und nordeuropäische Tierarten, darunter die seltenen Wölfe, Wildkatzen, Luchse und Elche. Ein Falkner bietet an Wochenenden Greifvogel-Flugshows an. Etwa vier Kilometer nordwestlich bei Mühlheim liegt das Naturschutzgebiet Dietesheimer Steinbrüche. Hier wurde vom 19. Jahrhundert bis 1982 im großen Stil industriell Basalt abgebaut, aber mittlerweile hat sich die Natur das Gelände zurückerobert und in eine Seenlandschaft mit elf großen und kleinen Seen, steilen Felswänden und dichten Wäldern verwandelt. Das ca. 61 Hektar große Areal ist mit Wegen zum Wandern und Radfahren durchzogen. Den Parkplatz erreicht man, wenn man in Mühlheim vom Südring auf Am Wingertsweg abbiegt (GPS: 50.116536, 8.866413).

AUF EINEN BLICK

Info

STADT/REGION: Offenbach, Hanau
BESTE REISEZEIT: Frühling bis Herbst
OPTIMALE REISEDAUER: 2 bis 3 Tage
TOURISTINFO: OF InfoCenter, Salzgässchen 1, 63065 Offenbach, Tel. 069/84 00 04-170, info@osg-of.de, www.offenbach.de/kultur-und-tourismus
Tourist-Information Hanau, Rathaus, Am Markt 14–18, 63450 Hanau, Tel. 06181/295-739, Touristinformation@hanau.de, www.hanau.de

SEHENSWÜRDIGKEITEN

DEUTSCHES LEDERMUSEUM: Frankfurter Str. 86, 63067 Offenbach, Tel. 069/829 79 80, www.ledermuseum.de
KLINGSPOR MUSEUM: Herrnstr. 80, 63065 Offenbach, Tel. 069/80 65 21 64, www.klingspormuseum.de
HAUS DER STADTGESCHICHTE: Herrnstr. 61, 63065 Offenbach, Tel. 069/80 65 26 46, www.haus-der-stadtgeschichte.de
HISTORISCHES MUSEUM HANAU/GRIMMS MÄRCHENREICH: Philippsruher Allee 45, 63454 Hanau, Tel. 06181/295 17 99
STAATSPARK WILHELMSBAD: Tel. 06181/906 50 90, www.wilhelmsbad-erleben.de
HESSISCHES PUPPEN- UND SPIELZEUGMUSEUM: Tel. 06181/862 12, www.hpusm.de
DEUTSCHES GOLDSCHMIEDEHAUS: Altstädter Markt 6, 63450 Hanau, Tel. 06181/25 65 56, www.goldschmiedehaus.com
WILDPARK ALTE FASANERIE: Fasaneriestr. 106, 63456 Hanau, Tel. 06181/61 83 30 10, www.erlebnis-wildpark.de

CAMPINGPLATZ MAINKUR

ADRESSE: Frankfurter Landstr. 107, 63477 Maintal, Tel. 069/41 21 93, info@campingplatz-mainkur.de, www.campingplatz-mainkur.de
ANFAHRT: A 66 Ausfahrt Maintal-Bischofsheim Richtung Frankfurt, nach 800 Metern rechts auf B 8, nach 2,8 Kilometern an einer Art Kreisverkehr scharf links halten und Straße Richtung Maintal wieder

◀ Campingplatz Bürgel ▶ Dietesheimer Steinbrüche

zurückfahren, unter Brücke hindurch und vor Ampel rechts abbiegen, weiter über schmalen Weg bis zur Campingplatz-Einfahrt beim Mainufer.
GPS: 50.13826, 8.78289
Sehr schöner, gepflegter privater Campingplatz, in dritter Generation geführt. Ebenes Wiesengelände teils mit alten Bäumen, Blick direkt auf den Main, eingezäunt, nur mit Schlüssel zu betreten. Hauptverkehrsstraße B 8 in Hörweite. Liegt direkt am Mainradweg. ÖPNV-Haltestellen (Bus und Bahn) gut einen Kilometer entfernt. Neu sanierte Sanitäranlagen, beheizbar, Spülküche mit Kochgelegenheit, Waschmaschine und Trockner. Kiosk mit Lebensmitteln und Brötchen. Platz ist geöffnet von April bis September.

CAMPINGPLATZ BÜRGEL

ADRESSE: Gerhard-Becker-Str. 400, 63075 Offenbach,
Tel. 069/83 00 91 93, campingplatz-burgel.business.site
ANFAHRT: A 661 Ausfahrt Kaiserlei auf Berliner Straße Richtung Offenbach Stadtmitte, über die Mainstraße nach Offenbach-Bürgel, von der Rumpenheimer Straße links in die Seestraße abbiegen, nächste Straße links, übernächste rechts, geradeaus bis zum Campingplatz.
GPS: 50.12615, 8.77210
Relativ kleiner Campingplatz, am Main gelegen, Wiesengelände mit hohen Bäumen und viel Schatten. Ruhige Lage, keine Straße in der Nähe. Gaststätte mit Biergarten am Platz. Der sanierungsbedürftige Platz wurde von neuen Inhabern übernommen, die bereits viel renoviert haben, einiges steht noch an. Mainradweg geht direkt am Platz vorbei, Fußgängerbrücke direkt am Platz. Mit Tram 11 und S 2 in 30 Minuten zur Hauptwache, Haltestelle direkt gegenüber am Mainufer über Fußgängerbrücke. Ganzjährig geöffnet.

GOTIK UND SKYLINE

Frankfurts Glanzlichter

Die abendlich beleuchtete Frankfurter Skyline vom Mainufer aus gesehen

10

Die meisten Sehenswürdigkeiten Frankfurts liegen in der Innenstadt, die man bequem zu Fuß oder mit dem Rad erreichen kann. Zwischen Bankentürmen und moderner Architektur gibt es historische Bauten, bedeutende Museen und Ausstellungen von Weltrang, Lokale auf aussichtsreichen Dachterrassen und kulinarische Köstlichkeiten zu entdecken.

In einer Bombennacht am 22. März 1944 verloren nicht nur 1000 Menschen ihr Leben, Frankfurt verlor auch unwiederbringlich seinen größten Kulturschatz, eine der größten mittelalterlichen Altstädte Deutschlands. In dem kleinen, nun wieder aufgebauten Altstadtviertel ahnen wir den Verlust der Stadt.

RUND UM DEN DOM

Der Turm des Doms, das Fachwerkhaus Haus Wertheim und die Treppengiebel des Römers, dem Frankfurter Rathaus, überstanden als einzige die Brandnacht 1944. Der Kaiserdom wurde wiederaufgebaut und seine gotischen Gewölbe streben wieder gen Himmel wie 1514, als er nach 264 Jahren Bauzeit vollendet wurde. Im Kircheninneren sind zahlreiche Kunstschätze und mehrere wertvolle Altäre zu sehen. Im benachbarten Dommuseums sind die ausgestellten Grabbeilagen eines merowingischen Mädchens aus dem 7. Jahrhundert ein Highlight. In jedem Fall sollte man es nicht versäumen, die 328 Stufen zur Aussichtsplattform des Domturms zu erklimmen. Der Blick von oben auf Altstadt, Römer, Main mit Museumsufer und Skyline dahinter ist sensationell.

Ebenso sensationell ist die wiedererstandene Neue Altstadt mit ihren Gassen und Plätzen. Kaum zu glauben, dass das ganze Areal zuvor von einem einzigen Gebäude eingenommen wurde. Hier stand von 1974 bis 2009 das technische Rathaus, ein Bau aus Waschbeton und Asbest. Ein Großteil der insgesamt 35 Häuser wurde originalgetreu rekonstruiert. Das Beeindruckendste ist die Goldene Waage direkt gegenüber dem Dom. Das Renaissance-Fachwerkhaus von 1619 war mit seinen aufwendigen Verzierungen und seinen Arkaden schon früher eine der Hauptsehenswürdigkeiten der Altstadt. In den ersten beiden Etagen ist heute ein Café untergebracht.

10

Einen Blick auf die ältesten Gebäudereste Frankfurts kann man im direkt gegenüber dem Domturm liegenden Stadthaus am Markt werfen. Auf besonders ansprechende Art werden hier vom Archäologischen Museum, öffentlich zugänglich, Grundmauern eines römischen Bades, eines karolingischen Königshofs und mittelalterliche Kellergewölbe präsentiert. Die Altstadt hat noch zwei weitere Museen zu bieten: das Stoltze-Museum und das Struwwelpeter-Museum. Zwischen dem Stadthaus am Markt und der Saalgasse, in der renommierte Architekten in der 1980er-Jahren postmoderne Wohnhäuser bauten, liegt die Kunsthalle Schirn, die zur selben Zeit gebaut wurde. Sie ist eines der angesehensten Ausstellungshäuser Europas.

AUF DEM RÖMERBERG

Das westliche Ende der Schirn grenzt an den Römerberg. Seit dem Hochmittelalter ist er der Rathausplatz, der seinen Namen vom Haus »Zum Römer« ableitet, das seit dem 15. Jahrhundert als Rathaus dient. Da seinerzeit der Stadt der Neubau eines Rathauses zu teuer erschien, kaufte sie stattdessen die beiden Häuser Zum Römer und Goldener Schwan und baute sie mit großen Hallen zu Messezwecken im Erdgeschoss um. Im Kaisersaal im zweiten Stock fanden die Krönungsbankette nach den Kaiserwahlen statt. Vor dem Römer steht der berühmte Gerechtigkeitsbrunnen.

Der Main mit der Stadtsilhouette von Osten

◀ Die Fassaden der Neuen Altstadt ▶ Römer bei Dämmerung

1986 wurden sechs Fachwerkhäuser der Ostzeile, die den Römerberg nach Osten hin abschließen, rekonstruiert. Die Alte Nikolaikirche stammt aus dem 12. Jahrhundert und wurde im 15. Jahrhundert gotisch aufgestockt. Dahinter befindet sich das Historische Museum Frankfurt, der nun seit Gründung 1877 dritte Museumsbau, der 2018 eröffnet wurde. Das moderne Museumskonzept verspricht einen interessanten Besuch. Gegenüber steht das Haus Wertheim von ca. 1600 mit einem urigen Gasthaus – das einzige Haus der Altstadt, das den Krieg überlebt hat.

ZWISCHEN PAULSKIRCHE UND JUDENGASSE

Rechts des Römers geht der Römerberg in den Paulsplatz über, an dem die Paulskirche steht. Sie wurde 1833 geweiht und 1848 zum Sitz der ersten deutschen Nationalversammlung. Heute finden dort Preisverleihungen und politische Veranstaltungen statt. Zwischen Römer und Paulskirche führt mit schönen Lokalen und Kunstgalerien die Genussmeile Braubachstraße vorbei. An ihrem östlichen Ende steht im Straßendreieck das Museum für Moderne Kunst. Es wurde 1981 gegründet und wird wegen seiner Form auch Tortenstück genannt.

200 Meter weiter östlich an der Kurt-Schumacher-Straße wurde der Neubau der Stadtwerke auf die Ruinen des alten jüdischen Viertels, ältestes jüdisches Getto Europas, gesetzt. Zu dessen Gedenken wurde dort das Museum Judengasse eingerichtet. An der Kasse bekommt man den Schlüssel zum Alten Jüdischen Friedhof, der hinter dem Gebäude beim Neuen Börneplatz unter alten Bäumen liegt.

Bulle und Bär vor der Frankfurter Börse

IM WESTEN DER ALTSTADT

Im westlichen Teil der Altstadt hinter dem Römer liegt direkt am Main die St. Leonhardkirche. Sie wurde um 1219 als romanische Basilika errichtet und später gotisch umgebaut. Sie hat ein schönes romanisches Portal, ein gotisches Kreuzrippengewölbe und ist Frankfurts einzige Kirche, die den Krieg fast unbeschadet überstanden hat. Ein kleines Stück weiter westlich befinden sich die Gebäude des ehemaligen Karmeliterklosters, das im Krieg weitgehend zerstört wurde und von den 1950er- bis 1990er-Jahren nach und nach etwas vereinfacht wiederhergestellt wurde. In den Gebäuden befinden sich das Institut für Stadtgeschichte und das Archäologische Museum. Letzteres ist in einem Neubau und der Klosterkirche untergebracht.

200 Meter nördlich trifft man im Großen Hirschgraben noch mal auf ein Stück altes Frankfurt. Dort steht Goethes Geburtshaus, das Goethehaus. Auch dieses Haus ist im Krieg abgebrannt, danach aber so perfekt wiederaufgebaut worden, dass man es nicht erkennen kann, selbst wenn man es weiß. Die Innenräume wurden exakt wie zu Goethes Zeiten eingerichtet und strahlen den Charme eines alten Hauses aus.

RUND UM DIE HAUPTWACHE UND DIE ZEIL

Unweit von hier am Kaiserplatz steht das Hotel Frankfurter Hof, seit seinem Bau 1876 eine der ersten Adressen der Stadt. Auch wenn es im

Krieg zerstört und danach vereinfacht wiederaufgebaut wurde, hat es immer noch den Glanz eines Grandhotels. Richtung Stadtmitte kommt man zum Roßmarkt, wo im 17. Jahrhundert Pferde gehandelt wurden und im 18. Jahrhundert Hinrichtungen stattfanden. Während man geradeaus auf die Hauptwache trifft, schließt sich nördlich der Goetheplatz mit dem Denkmal des Dichters an.

Die Frankfurter Hauptwache war die Wache des Frankfurter Militärs, in der auch der berühmte Räuberhauptmann Schinderhannes einsaß. Schon seit 1904 ist in dem Gebäude ein Café untergebracht. Nebenan steht die Katharinenkirche, hier beginnt die berühmte Einkaufsstraße Zeil. Gleich zu Beginn am Eck steht Galeria Kaufhof mit dem Restaurant Leonhard's im siebten Stock, wegen seiner Dachterrasse mit unvergesslichem Blick über die Hauptwache auf die nahe Stadtsilhouette eine Topadresse. Ein Stückchen weiter steht heute das futuristisch wirkende Shoppingcenter MyZeil. Einen weiteren kleinen Wochenmarkt gibt es freitags von 9 bis 16 Uhr in der Schillerstraße, die sich als Fußgängerzone zwischen Hauptwache und Eschenheimer Turm erstreckt. Sie führt auch an der Frankfurter Börse mit der bekannten Bronzeskulptur »Bulle und Bär« vorbei. Das Gebäude der sogenannten Neuen Börse wurde 1879 eingeweiht, im Zweiten Weltkrieg stark beschädigt und gleich wiederaufgebaut. Der Eschenheimer Turm ist ein Stadttor der spätmittelalterlichen Stadtbefestigung, das den Krieg überlebte und somit eines der ältesten Gebäude Frankfurts ist. 1806 bis 1812 wurde die Stadtmauer abgerissen, der Turm aber stehen gelassen. Auf dem Gelände der alten Stadtbefestigung, die die Altstadt bis zum Main halbkreisförmig umschloss, entstanden Grünanlagen, der sogenannte Anlagenring.

Tipp

Südlich der Zeil in der Hasengasse 5–7 sorgt die Kleinmarkthalle für ein ganz besonderes Shoppingerlebnis. Hier wird man in eine andere Welt entrückt, ein kulinarisches Paradies mit mediterranem Flair. Nicht weit entfernt findet an der Konstabler Wache seit 30 Jahren jeden Donnerstag und Samstag ein Wochenmarkt statt, bei dem 50 Erzeuger und Direktvermarkter aus der Region ihre Waren anbieten, viele davon in Bioqualität.

10

AM ESCHENHENHEIMER TOR BEFINDET SICH das moderne Hotel Fleming's, in dessen oberster Etage das stilvolle Restaurant Luginsland von seiner Terrasse einen atemberaubenden Blick auf die Stadt bietet.

DER ANLAGENRING

Weiter östlich im Bereich des Anlagenrings liegt der Bethmann-Park, in dem Ende der 1980er-Jahre die Stadt einen chinesischen Garten errichten ließ. Heute kann man im frisch sanierten Garten des Himmlischen Friedens mitten in der City in Ruhe entspannen.

Westlich vom Goetheplatz führen die neue Luxus-Shoppingmeile Neue Rothofstraße, die Goethestraße mit exklusiven Modelabels und die Freßgass, in der sich ein Lokal an das andere reiht, zur Alten Oper. In den 1970er-Jahren wurde das nach dem Krieg lange als Ruine dastehende ehemalige Opernhaus von 1873 außen wunderschön wiederhergestellt und innen als Konzert- und Veranstaltungshaus im Stil der Zeit neu gebaut.

Mitten im Bankenviertel in der Neuen Mainzer Straße ragt der Maintower in den Himmel, das einzige Hochhaus Frankfurts mit Aussichtsterrasse. Im 53. Stock serviert das Main Tower Restaurant tolles Essen in einer Toplage (www.maintower-restaurant.de). Im benachbarten Anlagenring, der hier Gallusanlage heißt, steht zentral das Schillerdenkmal, beliebtes Fotomotiv mit den Zwillingstürmen der Deutschen Bank im Hintergrund. Ein Bankhochhaus reiht sich hier ans andere. Der Willy-Brandt-Platz befindet sich am Ende der Grünanlagen, in der die Banker gerne Mittagspause machen, unweit der aus den Medien bekannten Euro-Skulptur. Gegenüber sind die Städtischen Bühnen mit dem Opern- und dem Schauspielhaus. Links daneben findet man das Boulevardtheater Die Komödie. Rechts neben dem städtischen Theaterbau steht der 1910 eingeweihte Märchenbrunnen.

PALMEN AM MAIN

Hinter dem neuen Opernhaus eröffnete im Oktober 2020 nach langer Umbauphase das älteste Jüdische Museum in Deutschland mit einem spektakulär gelungenen Neubau. Ebenfalls neu ist das nicht weniger gelungene koschere Restaurant Flow Deli im Museumsneubau. Wenn man die nächste Straße überquert, steht man am Mainufer unter Palmen und

▲ Der Märchenbrunnen ◀ Die Alte Oper ▶ Palmen am Mainufer in den Nizzagärten

Zitronenbäumen in den Nizzagärten. Seit 1875 gedeihen hier nach einer Idee Siesmayers im besonderen Mikroklima mediterrane Pflanzen. Gleich nebenan haben sich das Restaurant Main Nizza mit tollem Blick durch Panoramascheiben auf den Main und der darunterliegende Biergarten etabliert.

MUSEUMSPERLEN AM MAINUFER

Unweit von hier verbindet der Holbeinsteg das Bahnhofsviertel mit Sachsenhausen und dem Museumsufer. Die Brücke führt auf das Stadel zu, Frankfurts berühmtestes und Deutschlands ältestes, 1815 gegründetes Museum für bildende Kunst. Am Schaumainkai 71 befindet sich in der imposanten Villa Liebig das Liebig Museum mit einer bedeutenden Skulpturensammlung. In entgegengesetzter Richtung am Museumsufer mit prächtigen Villen folgen noch weitere Museen: das frühere Fernmeldemuseum, das heute Museum für Kommunikation heißt, das Architektur- und daneben das Filmmuseum. Dann folgt das Völkerkundemuseum Weltkulturen Museum und danach schließlich der große postmoderne Bau an der Villa Metzler mit dem Museum für Angewandte Kunst.

◀ Mediterranes Flair in der Kleinmarkthalle ▲ Biergarten Main Terrasse am Eisernen Steg ▼ Palmengarten

RUND UM DIE INNENSTADT

Ganz in der Nähe verbindet die berühmte historische Fußgängerbrücke Eiserner Steg Sachsenhausen mit dem Römerberg. Folgt man nun dem Mainufer auf der nördlichen Seite, nähert man sich langsam dem unübersehbaren Bau der EZB, die sich im Bereich des ehemaligen Osthafens an der denkmalgeschützten Großmarkthalle ihren Standort gesucht hat.
Am Rand der Innenstadt gibt es noch weitere Highlights: Im Ostend befindet sich der Frankfurter Zoo, der vor allem für Familien ein Muss ist. Im Westend betreibt die Degussa das besondere Museum Goldkammer. In der Senckenberganlage ist seit 1907 das 1807 gegründete Senckenberg Forschungsinstitut und Naturmuseum beheimatet, eines der bedeutendsten in Europa. Die Dinosaurierskelette ziehen vor allem die jungen Besucher magisch an. Das Experimenta Science Center in der Hamburger Allee 22–24 ist ebenfalls spannend für Jung und Alt.
1871 eröffnete der von einem bürgerlichen Verein als botanischer Garten konzipierte Palmengarten mit einem Gesellschaftshaus und dem Palmenhaus, das heute noch fasziniert. Weitere Gewächshäuser kamen im Laufe der Jahre hinzu. Das ganze Jahr über gibt es Ausstellungen und Events, die einen Besuch immer wieder interessant machen.

AUF EINEN BLICK

Info

STADT/REGION: Frankfurt am Main
BESTE REISEZEIT: ganzjährig
OPTIMALE REISEDAUER: 2 bis 3 Tage
TOURISTINFO:
Tourist Information Römer,
Am Römerberg 27, 60311 Frankfurt,
Tel. 069/21 23 88 00, www.frankfurt-tourismus.de

SEHENSWÜRDIGKEITEN

KAISERDOM: Domplatz 1, Tel. 069/297 03 20, www.dom-frankfurt.de
DOMMUSEUM: Weckmarkt, Tel. 069/78 08 92 55, www.domturm-frankfurt.de
DOMTURM: www.domturm-frankfurt.de
STOLTZE-MUSEUM: Markt 7, Tel. 069/26 41 40 06, www.frankfurter-sparkasse.de/stoltze
STRUWWELPETER-MUSEUM: Hinter dem Lämmchen 2–4, Tel. 069/74 79 69, struwwelpeter-museum.de
HISTORISCHES MUSEUM FRANKFURT: Saalhof 1, Tel. 069/21 23 55 99, www.historisches-museum-frankfurt.de
MUSEUM FÜR MODERNE KUNST: Domstr. 10, Tel. 069/21 23 04 47, www.mmk.art
MUSEUM JUDENGASSE: Bettonnstr. 47, Tel. 069/21 27 07 90, www.juedischesmuseum.de/besuchen/museum-judengasse
ARCHÄOLOGISCHES MUSEUM: Karmelitergasse 1, Tel. 069/21 23 58 96, www.archaeologisches-museum-frankfurt.de
MAINTOWER: Neue Mainzer Str. 52–58, Tel. 069/36 50 47 77, www.maintower.de
STÄDTISCHE BÜHNEN: Tel. 069/212 02, www.buehnen-frankfurt.de
JÜDISCHES MUSEUM: Bertha-Pappenheim-Platz 1, Tel. 069/21 23 50 00, www.juedischesmuseum.de
STÄDEL: Schaumainkai 63, Tel. 069/605 09 82 00, www.staedelmuseum.de

AUF EINEN BLICK

LIEBIG MUSEUM: Schaumainkai 71, Tel. 069/605 09 82 00, www.liebieghaus.de
MUSEUM FÜR KOMMUNIKATION: Schaumainkai 53, Tel. 069/606 00, www.mfk-frankfurt.de
ARCHITEKTURMUSEUM: Schaumainkai 43, Tel. 069/21 23 88 44, www.dam-online.de
FILMMUSEUM: Schaumainkai 41, Tel. 069/961 22 02 20, www.dff.film
WELTKULTUREN MUSEUM: Schaumainkai 29–37, Tel. 069/21 23 15 10, www.weltkulturenmuseum.de
MUSEUM FÜR ANGEWANDTE KUNST: Schaumainkai 17, Tel. 069/21 23 40 37, www.museumangewandtekunst.de
MUSEUM GOLDKAMMER: Kettenhofweg 27, Tel. 069/860 06 82 98, www.goldkammer.de
SENCKENBERG MUSEUM: Senckenberganlage 25, Tel. 069/754 20, www.museumfrankfurt.senckenberg.de
EXPERIMENTA SCIENCE CENTER: Hamburger Allee 22–24, Tel. 069/71 37 96 90, www.experiminta.de
PALMENGARTEN: Siesmayerstr. 63, Tel. 069/21 23 39 39, www.palmengarten.de

CAMPINGPLATZ MAINKUR

ADRESSE: Frankfurter Landstr. 107, 63477 Maintal, Tel. 069/41 21 93, info@campingplatz-mainkur.de, www.campingplatz-mainkur.de
ANFAHRT: A 66 Ausfahrt Maintal-Bischofsheim, Richtung Frankfurt, nach 800 Metern rechts auf B 8, nach 2,8 Kilometern an einer Art Kreisverkehr scharf links halten und Straße Richtung Maintal wieder zurückfahren, unter Brücke hindurch und vor Ampel rechts abbiegen, weiter über schmalen Weg bis zur Campingplatz-Einfahrt beim Mainufer.
GPS: 50.13826, 8.78289
Sehr schöner, gepflegter privater Campingplatz, in dritter Generation geführt. Ebenes Wiesengelände teils mit alten Bäumen, Blick direkt auf den Main, eingezäunt, nur mit Schlüssel zu betreten. Hauptverkehrsstraße B 8 in Hörweite. Neu sanierte Sanitäranlagen, beheizbar,

◀ Goldene Waage in der Neuen Altstadt und Domturm ▲ Campingplatz Bürgel ▼ Campingplatz Mainkur

Spülküche mit Kochgelegenheit, Waschmaschine und Trockner. Kiosk mit Lebensmitteln und Brötchen. Liegt direkt am Mainradweg. ÖPNV-Haltestellen (Bus und Bahn) gut einen Kilometer entfernt. Platz ist geöffnet von April bis September.

CAMPINGPLATZ BÜRGEL

ADRESSE: Gerhard-Becker-Str. 400, 63075 Offenbach,
Tel. 069/83 00 91 93, campingplatz-burgel.business.site
ANFAHRT: A 661 Ausfahrt Kaiserlei auf Berliner Straße Richtung Offenbach Stadtmitte, über die Mainstraße nach Offenbach-Bürgel, von der Rumpenheimer Straße links in die Seestraße abbiegen, nächste Straße links, übernächste rechts, geradeaus bis zum Campingplatz.
GPS: 50.12615, 8.77218
Relativ kleiner Campingplatz am Main gelegen, Wiesengelände mit hohen Bäumen und viel Schatten. Ruhige Lage, keine Straße in der Nähe. Gaststätte mit Biergarten am Platz. Der sanierungsbedürftige Platz wurde von neuen Inhabern übernommen, die bereits viel renoviert haben, einiges steht noch an. Mainradweg geht direkt am Platz vorbei, Fußgängerbrücke direkt am Platz. Mit Tram 11 und S 2 in 30 Minuten zur Hauptwache, Haltestelle direkt gegenüber am Mainufer über Fußgängerbrücke. Ganzjährig geöffnet.

BEKANNTES UND VERSTECKTE ORTE

Zwischen Höchst und Mainspitze

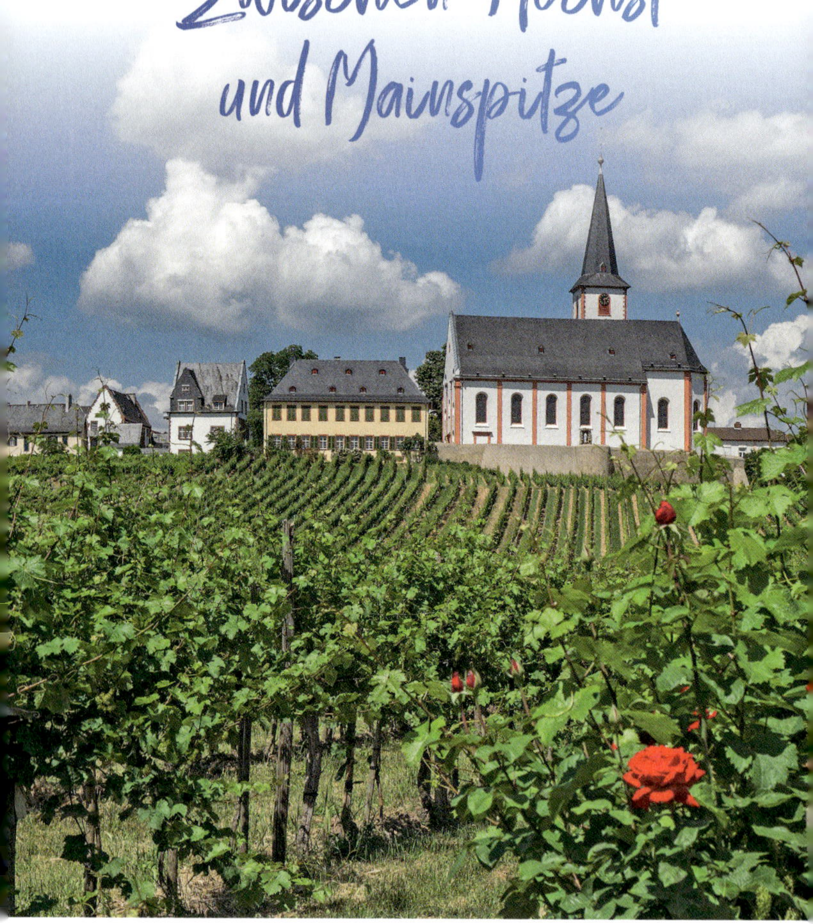

Die Kirche St. Peter und Paul hoch über den Weinbergen

11

Zwischen Frankfurt-Höchst und der Mainspitze liegen nördlich des Mains wenig bekannte Heilquellen und die ersten Weinorte des Rheingaus. Südlich rund um Rüsselsheim und Ginsheim-Gustavsburg im Dreieck zwischen Main und Rhein erstrecken sich ausgedehnte Wälder und versteckte Orte der Industriekultur.

HISTORISCHES FRANKFURT-HÖCHST

Die Altstadt von Frankfurt-Höchst ist im Krieg weitgehend von Bombenangriffen verschont geblieben, weshalb man in der Nähe des Schlosses durch mittelalterliche Gassen schlendern kann. Das historische Zentrum der Altstadt ist der Schlossplatz mit dem Höchster Schloss. Das von einem Graben umgebene sogenannte Alte Schloss ersetzte eine gotische Zollburg aus dem 14. Jahrhundert, von der nur der Bergfried erhalten ist. Die anderen Schlossgebäude wurden 1586 im Renaissancestil erbaut, der Turm bekam eine barocke Haube. Im 15. Jahrhundert wurde ein vertriebener Mainzer Erzbischof mit einem kleinen Fürstentum abgespeist, zu dessen Residenz er das Alte Schloss erwählte.

Die in der Nähe gelegene Justinuskirche stammt aus karolingischer Zeit und ist eine der ältesten Kirchen Deutschlands. Die dreischiffige Basilika wurde 830 erbaut, der gotische Chor 1441 hinzugefügt. Über die knapp bemessenen Öffnungszeiten sollte man sich zuvor informieren (www.justinuskirche.de). Folgt man der Hauptdurchgangsstraße, erreicht man den barocken Bolongaropalast mit kleinem Garten zum Mainufer hin. Er wurde von den italienischen Brüdern Bolongaro erbaut, die in Frankfurt die größte europäische Schnupftabak-Manufaktur gegründet hatten, aber wegen ihres katholischen Glaubens in der protestantischen Stadt keine Bürgerrechte erhielten.

Geht man am Mainufer unterhalb der Stadtmauer an der Batterie, an der auch die kleine Personenfähre übersetzt, flussabwärts, trifft man vor dem Parkplatz auf die Schiffsmeldestelle Höchst. Heute werden hier den Gästen, die in Liegestühlen auf dem grünen Rasen unter alten Bäumen am Mainufer die Aussicht genießen, Wein, Bier und Cocktails (selbstverständlich auf Wunsch auch Nichtalkoholisches!) serviert. Ein wunderschöner Ort zum Entspannen oder um den Tag ausklingen zu lassen (www.schiffsmeldestelle.de).

Das Höchster Schloss und die Justinuskirche

Tipp

Im Sommer jeden Jahres findet das **Höchster Schlossfest** statt. Es dauert vier Wochen und besteht aus Altstadtfest, Vergnügungspark und vielen kulturellen Einzelveranstaltungen, zu der das Neue Theater Höchst oder die Justinuskirche beitragen. www.schloss-fest.de.

AM SCHLOSSPLATZ GIBT ES GLEICH DREI TRADITIONELLE GASTHÄUSER, in denen man gutbürgerlich essen und dabei draußen auf dem malerischen Schlossplatz sitzen kann: Gasthaus Zum Bären, Gasthaus Zum Schwan und Alte Zollwache.

JENSEITS DER ALTSTADT

Ein kunstgeschichtliches Highlight ist das von Peter Behrens zwischen 1920 und 1924 im expressionistischen Stil erbaute Verwaltungsgebäude der Farbwerke Hoechst, ein gigantischer Backsteinbau mit kathedralenartigem Lichthof. Leider befindet er sich auf dem Firmengelände des Industrieparks Hoechst und kann nur an wenigen Terminen besichtigt werden (Tel. 069/305-800 25).

Auf der anderen Seite des Mains wartet ein Kontrastprogramm zu Industriepark und Großstadt: das Naturschutzgebiet Schwanheimer Düne, eine der seltenen Binnendünen Europas. Man erreicht sie am allerbesten von Höchst aus zu Fuß mit der Personenfähre, da es um das Naturschutzgebiet keine Parkplätze gibt. Die Düne entstand in der letzten Eiszeit vor 10 000 Jahren. Ein Bohlenweg führt durch das mit alten windschiefen Kiefern und Heidekraut bewachsene Dünengebiet.

NÖRDLICH DES MAINS

Beim kleinen Ort Weilbach liegt das noch kleinere Bad Weilbach, ein alter Kurort en miniature. Im 19. Jahrhundert entwickelte sich für kurze Zeit ein reger Kurbetrieb um die Schwefelquelle Faulborn, die heute noch im Park sprudelt. Es gab ein klassizistisches Kurhaus und ein Bade- und Inhalierhaus, die beide heute noch zu sehen sind.

Hochheims Weinberge liegen zwar am Main, trotzdem gehören sie mit einigen Toplagen und Spitzenweingütern zum Anbaugebiet Rheingau. Die wunderschöne Altstadt bietet das richtige Ambiente für einen Stadtbummel und um in Gutsausschänken, Straußwirtschaften und Restaurants die Weine bei gutem Essen zu probieren. Eine besondere Empfehlung sind die Rieslingstuben in der Wintergasse mit kleinem, romantischem Innenhof (www.riesling-stuben-hochheim.de). Am südlichen Stadtrand auf einer Terrasse über den Weinbergen steht die Pfarrkirche St. Peter und Paul, die einzige hessische spätbarocke Freskokirche. Am westlichen Ortsrand in der Wiesbadener Straße 1 befindet sich das Hochheimer Weinbaumuseum, das erste seiner Art in Hessen (www.hochheim-tourismus.de). Die beachtliche private Hochheimer Kunstsammlung mit 600 Exponaten moderner und zeitgenössischer Kunst, die durch Schenkung in den Besitz der Stadt übergegangen ist, gibt es gleich um die Ecke in der klassizistischen Villa Burgeff. Ausgestellt sind Werke von Beuys, Picasso, Miró, Dalí und vielen anderen (www.hochheim-tourismus.de). Die Hochheimer Stadtführer bieten zahlreiche geführte Touren zu verschiedenen Themen an (www.hochheimer-stadtfuehrer.de).

WO MAIN UND RHEIN SICH TREFFEN

Am westlichen Ortsrand von Gustavsburg auf der anderen Mainseite liegt der Park Gustavsburg. Man kann von hier zu Fuß oder mit dem Rad 1,5 Kilometer auf einem Abschnitt der Regionalparkroute Richtung Westen spazieren oder radeln. Der Weg endet an der Mainspitze, wo die Wasser des Mains in den Rhein fließen. Am anderen Ufer sieht man die Silhouette von Mainz mit dem Dom. Einige Kilometer südlich am Rhein liegt am Flussufer die Historische Rheinschiffsmühle. Ginsheim hat eine jahrhundertealte Schiffsmühlentradition. Im 19. Jahrhundert waren bis zu 21 Mühlen gleichzeitig im Altrhein verankert, die angetrieben von der

Die Opelvillen mit Restaurant und Ausstellungsräumen

Strömung Getreide mahlten. Die letzte der Ginsheimer Mühlen arbeitete bis 1928 und wurde im Zweiten Weltkrieg zerstört. Seit 2011 kann man hier am Rheinufer einen Nachbau bewundern und an Wochenenden auch besichtigen (www.schiffsmuehle-ginsheim.de).
Im Ortskern von **Bischofsheim** gibt es für Architekturinteressierte etwas zu entdecken. In der Hochheimer Straße, einer Querstraße der Frankfurter Straße, wartet ein architektonisches Kleinod, die 1926 eingeweihte katholische **Kirche Christkönig**, ein Vollbetonbau mit Backsteinfassade. Sie galt lange als einer der architekturgeschichtlich bedeutendsten moderneren Kirchenbauten in Deutschland.

MEHR ALS AUTOINDUSTRIE

In **Rüsselsheim** gibt es am Mainufer eine wenig bekannte **Rüsselsheimer Festung** zu besichtigen, die 1479 von den Landgrafen von Hessen erbaut, 1547 geschliffen und ab 1560 wiederhergestellt wurde. 1689 haben die Franzosen sie schließlich gesprengt. In den 1990ern wurde die Festung von der Stadt Rüsselsheim saniert und das **Stadt- und Industriemuseum** in ihren Mauern eingerichtet. In unmittelbarer Nähe stehen die **Opelvillen** am Mainufer. Die 1916 für den Direktor der Opelwerke erbaute Villa Wenske und die von Friedrich Opel 1931 erbaute Villa dienen heute der Kunst- und Kulturstiftung Opelvillen als Ort für kulturelle Veranstaltungen und Ausstellungen (www.opelvillen.de). Außerdem beherbergen sie ein Restaurant.

Luftlinie 3,5 Kilometer südlich im dichten Wald und nur zu Fuß oder besser mit dem Rad zu erreichen, verbirgt sich ein Lost Place der Industriekultur. Hier im stillen Wald ragen noch Reste von Steilwandkurven aus Beton auf, über die einst Autos donnerten und die noch die alte Opel-Rennbahn erahnen lassen. Sie war einer der innovativsten Bauten der 1920er-Jahre und Symbol für den Aufbruch in eine neue, technisierte und auf Geschwindigkeit setzende Zeit. Sie diente als Test- und Rennstrecke, auf der auch internationale Autorennen ausgetragen wurden, die bis zu 50 000 Zuschauer anzogen. 1928 experimentierte hier Fritz von Opel mit seinem Raketenauto.

WÄLDER UND MOORE

Zwischen dem Frankfurter Flughafen, Rüsselsheim, Groß-Gerau und Mörfelden-Walldorf erstreckt sich ein riesiges zusammenhängendes Waldgebiet. Inmitten dieses Waldes befindet sich das Naturschutzgebiet Mönchbruch, ein wertvolles Naturareal und eines der letzten Feuchtgebiete Südhessens. Der Zugang befindet sich an der B 486 neben dem barocken Jagdschloss Mönchbruch, das Landgraf Ernst-Ludwig von Hessen-Darmstadt 1730 für sich und seine Jagdgelüste erbauen ließ. Allerdings kann es leider nicht besichtigt werden. Gegenüber der Landstraße befindet sich ein Biergarten. Hinter dem Tor zum Naturschutzgebiet gabeln sich die Wege. Hält man sich links, erreicht man gleich den Mönchbruchweiher, der rechte Weg führt zu einem Aussichtsturm und dann weiter durch die herrliche Mönchbruchallee, die optisch direkt auf das Jagdschloss zuführt. Das Gebiet ist ideal für kleine und größere Wanderungen und Fahrradtouren auf der Regionalpark-Rundroute geeignet, die hier durchführt.

DER RMV (RHEIN-MAIN-VERKEHRSVERBUND) hat eine Serie mit kostenlosen Broschüren mit Fahrradtouren herausgebracht, die man sich schicken lassen, aber auch als PDF herunterladen kann. »Rhein-Main-Vergnügen Route 3: Unterwegs zwischen Mainspitze und Mönchbruch« beschreibt ausführlich eine Radtour mit Varianten und Sehenswürdigkeiten in dieser Region. Einfach nach »Rhein-Main-Vergnügen Route 3« googeln.

AUF EINEN BLICK

Info

STADT/REGION: Frankfurt-Höchst, Hochheim, Mainspitze, Rüsselsheim
BESTE REISEZEIT: Frühling bis Herbst
OPTIMALE REISEDAUER: 1 bis 2 Tage
TOURISTINFO: Tourist Information Höchst/Tabak & Presse Krämer, Antoniterstr. 22, 65929 Frankfurt-Höchst
Fremdenverkehrsamt Rüsselsheim, Marktplatz 4, 65428 Rüsselsheim, Tel. 06142/83 22 14, www.ruesselsheim.de/tourismus

Kostenlos parken kann man auch mit dem Wohnmobil auf dem am Mainufer bei der Altstadt gelegenen Parkplatz Batterie, zu erreichen nur von Westen über die Leunastraße.

CAMPINGPLATZ NAUHEIM

ADRESSE: Seeweg 2, 64569 Nauheim, Tel. 06152/805 87 60 und 0176/60 49 44 30
ANFAHRT: A 67 Ausfahrt Groß-Gerau in Richtung Goß-Gerau, am Kreisverkehr rechts auf Nordring, an T-Kreuzung rechts Richtung Bischofsheim, nächste Abzweigung nach rechts nach Nauheim, nächster Kreisverkehr rechts, nach 500 Metern rechts auf Seeweg abbiegen, an der nächsten T-Kreuzung links, um die Einfahrt zum Campingplatz zu erreichen.
GPS: 49.95084, 8.47339

Campingplatz Nauheim

◀ Fachwerkidyll am Höchster Schlossplatz ▶ Die Mainspitze – wo Rhein und Main sich treffen

Von Dauercampern geprägter Platz am Hegbachsee. Die Stellplätze auf Wiese liegen am Rand zum See. Die Luftlinie 300 Meter entfernte Autobahn hört man als leichtes Grundrauschen. Sehr einfache, aber saubere Sanitäranlage. Zum Platz gehören ein Biergarten und eine Miniatureisenbahn, auf der Kinder eine winzige Rundfahrt machen können. Der angrenzende See ist als Baggersee beim Autobahnbau in den 1960er-Jahren entstanden und wirkt mit Uferbewachsung und Tierwelt sehr natürlich, bietet aber keine Bademöglichkeit.

WOHNMOBILSTELLPLATZ RÜSSELSHEIM

ADRESSE: Dammgasse, 65428 Rüsselsheim

ANFAHRT: A 60 Ausfahrt Rüsselsheim-Mitte, auf B 519 Richtung Rüsselsheim, Opel fahren, geradeaus dem Straßenverlauf folgen bis T-Kreuzung mit Frankfurter Straße, links abbiegen, zweite Kreuzung rechts in die Dammgasse, Stellplatz auf Parkplatz am Main.

GPS: 49.99623, 8.40911

Kostenloser Stellplatz am Rande eines Parkplatzes für sieben Wohnmobile. Laut zahlreicher Berichte dient der Parkplatz nachts geräuschvollen Treffen Jugendlicher und ist deshalb zumindest im Sommer zum Übernachten nicht unbedingt zu empfehlen. Er ist aber ein günstig gelegener Parkplatz zum Besuch der Opelvillen, der Festung Rüsselsheim und der Stadt. Er liegt direkt am Mainuferradweg und ist mit anderen Radwegen verbunden.

Ein alternativer Übernachtungsplatz in der Region ist der schön und ruhig gelegene Campingplatz Maaraue in Mainz-Kostheim, beschrieben in Tour 4.

GRÜNE LUNGE

Rund um Dreieich

Burg Hayn mit Burgkirche am Weiher in Dreieichenhain

12

Die Region um Dreieich zwischen den Großstädten Frankfurt und Darmstadt ist gesegnet mit dichten Mischwäldern. Im Grünen liegen Seen, in denen man baden und am Sandstrand liegen kann, oder die ganz der Natur und ihren Bewohnern gehören. Dazwischen warten zahlreiche große und kleine kulturelle Sehenswürdigkeiten auf ihre Entdeckung.

1977 wurden die fünf eigenständigen Gemeinden und Städte Buchschlag, Sprendlingen, Dreieichenhain, Götzenhain und Offenthal zur Stadt Dreieich zusammengeschlossen. Dreieichenhain hat einen kleinen historischen Stadtkern und eine malerische Burgruine. Buchschlag hat eine kunsthistorisch bedeutende Villensiedlung. Eine moderne Attraktion ist die Skulptur Stangenpyramide. Dietzenbach hat einen Aussichtsturm und in Heusenstamm gibt es ein schönes Schloss. Zeppelinheim hat das Zeppelinmuseum zu bieten. Der Langener Waldsee ist einer der größten und beliebtesten Badeseen mit breitem Sandstrand.

VILLENKOLONIE BUCHSCHLAG

Die Villenkolonie Buchschlag, die zur sogenannten Gartenstadtbewegung zählt, ist die größte geschlossene Siedlung dieser Art. 1904 wurde der Gründungsvertrag zur Villensiedlung unter Großherzog Ernst Ludwig von Hessen geschlossen, für den er bekannte Baumeister des Jugendstils aus Darmstadt tätig werden ließ. Es entstanden Villen für finanzkräftige Käuferschichten. Buchschlag hat den Charakter einer Gartenstadt und Villenkolonie bis heute bewahren können, die inzwischen als Ensemble unter Denkmalschutz steht. Geht man durch die Straßen des Viertels, sieht man unterschiedliche und unglaublich schöne Jugendstilvillen in gepflegten Gärten.

MALERISCHES DREIEICHENHAIN

Die Altstadt von Dreieichenhain ist das Schmuckstück der Region. Die Stadtrechte lassen sich bis 1256 zurückverfolgen. Nachdem der größte Teil der Stadtbefestigung abgerissen wurde, blieben das Ober- und das Untertor, zwischen denen sich die Fahrgasse erstreckt, erhalten. Durch den Ort führt auch die Deutsche Fachwerkstraße. Am unteren Ende beim

Untertor liegt die Ruine der mittelalterlichen Burg Hayn. Die Burg war Sitz der Reichsvögte, die im Auftrag des Königs von hier aus den Wildbann (Jagdrechte) Dreieich verwalteten. Auf dem Gelände der Ruine befindet sich die Tapas Bar El Castillo (www.elcastillo-dreieich.de). Oberhalb der Burg führt die Fahrgasse durch den Ort. In den gut erhaltenen Fachwerkhäusern findet man hübsche Läden, nette Restaurants und Cafés wie das Café Cult und eine Eisdiele. Ein kleines Stück außerhalb der Altstadt, vom Parkplatz Am Weiher dem Geißberg folgend, liegt neben der Straße ein märchenhaft zugewachsenes Fachwerkhaus (erbaut 1422) mit dem Landgasthof Alte Bergmühle (www.alte-bergmuehle.de).

DER RMV (RHEIN-MAIN-VERKEHRSVERBUND) hat eine Serie von kostenlosen Broschüren mit Fahrradtouren herausgebracht, die man sich schicken lassen, aber auch als PDF herunterladen kann. »Rhein-Main-Vergnügen Route 1: Rund um Dietzenbach« beschreibt ausführlich eine wunderschöne, 38 Kilometer lange Radtour, auf der man an vielen in diesem Kapitel beschriebenen Orten vorbeikommt. Einfach »Rhein-Main-Vergnügen Route 1« googeln.

Naturnaher Golfplatz Neuhof

Dreieichenhain, Burgruine Hayn

STATIONEN DER REGIONALPARK-ROUTE

Einen Kilometer Luftlinie nördlich der Altstadt liegt auf dem höchsten Punkt die zur Regionalpark-Route gehörende Stangenpyramide. Aus der Entfernung sieht man zunächst nur eine interessante pyramidenförmige Skulptur. Beim Näherkommen erkennt man, dass sie aus vielen Stangen besteht und deshalb Stangenpyramide genannt wird. Ein faszinierendes Kunstwerk, das je nach Blickwinkel das Erscheinungsbild ändert. Im Hintergrund bilden der Große Feldberg und die Berge des Hochtaunus den Horizont, vor dem man die Frankfurter Hochhäuser und Flugzeuge im Landeanflug erkennt.

Rechts unterhalb blickt man auf das Gelände des Golfclubs Neuhof, das wie eine Mischung aus Naturschutzgebiet und Golfplatz angelegt ist. Inmitten des Geländes liegt das historische Hofgut Neuhof mit Hofladen der eigenen Metzgerei und Konditorei und die Alte Backstube mit traditioneller Gastronomie (www.alte-backstube.de).

Dietzenbach wartet mit seinem ungewöhnlichen Aussichtsturm Wingertsberg auf (Jungfern-Wingert-Str. 5, 63128 Dietzenbach). Die Stahlkonstruktion mit Wendeltreppe und Aussichtsplattform in 21 Metern Höhe ist insgesamt 33 Meter hoch. Bei klarer Sicht hat man einen Rundumblick bis zur Frankfurter Skyline, über Spessart, Taunus, Hunsrück und bis zum Odenwald.

Am nördlichen Ortsrand von Heusenstamm liegt Schloss Schönborn. Der

12

Renaissancebau wurde 1663 bis 1668 unter Philipp Erwein von Schönborn erbaut. Ursprünglich war eine Vierflügelanlage mit Wassergraben geplant, von der aber nur die Vorderfront zur Ausführung kam. Der Wassergraben ist heute trocken und vom einst großen Herrengarten nicht mehr viel vorhanden. Aber man kann im Schlossrestaurant, der Kostbar, einkehren (www.kostbar-hst.de).

WANDERWEGE RUND UM DREIEICH findet man auf der Internetseite GPS-Wanderatlas: www.ich-geh-wandern.de/gps-wanderwege/dreieich.

Das Untertor – Teil der ehemaligen Stadtbefestigung von Dreieichenhain

Die Stangenpyramide ist ein Highlight des Regionalparks.

ZEPPELINE UND MITTELMEERSTRAND

Zeppelinheim in unmittelbarer Nähe des Frankfurter Flughafens ist ein Ortsteil von Neu-Isenburg. 1934 wurden für den neuen Rhein-Main-Flughafen Waldrodungen durchgeführt, um eine Luftschiffhalle zu errichten. Für Mitarbeiter der Deutschen Zeppelin-Reederei mussten Wohnungen geschaffen werden, die östlich in einem Wald gebaut wurden. Zeppelinheim war entstanden und wurde 1937 eine selbständige Gemeinde, die heute noch zum Zollgrenzbezirk gehört. In einem Anbau des Bürgerhauses befindet sich heute das **Zeppelin-Museum**, das sich der Luftschifffahrt von den Anfängen bis 1939 widmet. Es zeigt sämtliche jemals gebauten Zeppeline als Modelle (www.zeppelin-museum-zeppelinheim.de)

Freizeit und Erholung im hessischen Mittelmeer verspricht die Stadt Langen für Besucher des Strandbads **Langener Waldsee**. Der Baggersee, der am westlichen Ende noch als solcher genutzt wird, ist das größte Freizeit- und Erholungszentrum im Rhein-Main-Gebiet und in der Regel von Mitte Mai bis Mitte September von 8 bis 20.30 Uhr geöffnet. Das Gelände verfügt über einen Imbiss- und Getränkestand, Beachvolleyballfelder, WC und Duschanlagen, einen FKK-Bereich und einen Zeltplatz. Für Wohnmobile gibt es zwölf Stellplätze auf dem Parkplatz, allerdings ohne Strom, Ver- und Entsorgung (www.langen.de/de/strandbad-langener-waldsee).

AUF EINEN BLICK

Info

STADT/REGION: Westlicher Landkreis Offenbach
BESTE REISEZEIT: Frühling bis Herbst
OPTIMALE REISEDAUER: 1 bis 2 Tage

Campingplatz Mörfelden – einer der besten Plätze im Rhein-Main-Gebiet

CAMPINGPLATZ DREIEICH-OFFENTHAL

ADRESSE: Bahnhofstr. 77, 63303 Dreieich-Offenthal, Tel. 06074/56 29, info@campingplatz-dreieich.de, www.campingplatz-dreieich.de
ANFAHRT: A 5 Ausfahrt Mörfelden-Walldorf auf die B 486 Richtung Langen oder A 661 Ausfahrt Langen auf die B 486 Richtung Dreieich-Offenthal, Eppertshausen, bei Offenthal links abbiegen auf Dieburger Straße, am ersten Kreisverkehr geradeaus, am nächsten Kreisverkehr rechts abbiegen. Campingplatz auf der rechten Seite.
GPS: 49.98575, 8.75768
Schöner und ruhig im Grünen gelegener Vier-Sterne-Campingplatz, teils schattig, Stellplätze auf Rasen, von Dauercampern geprägt. Komplette Sanitärausstattung, kostenloses WLAN, Swimmingpool, Gasflaschentausch, Kiosk. Ganzjährig geöffnet.

CAMPINGPLATZ MÖRFELDEN

ADRESSE: Am Zeltplatz 5, 64546 Mörfelden-Walldorf, Tel. 06105/222 89, info@campingplatz-moerfelden.de, www.campingplatz-moerfelden.de

ANFAHRT: A 5 Ausfahrt Langen/Mörfelden auf A 486 Richtung Mörfelden, erste Abzweigung links führt zum Campingplatz.

GPS: 49.97969, 8.59436

Sehr sauberer und gepflegter, gut ausgestatteter Vier-Sterne-Campingplatz, seit drei Generationen in Familienbesitz. 100 Dauercamper, 52 Stellplätze für Urlauber, Komfortstellplätze mit Strom-, Wasser- und Grauwasseranschlüssen. Moderne komplette Sanitärausstattung, Kinderspielplatz, WLAN auf dem Platz, Ver- und Entsorgungsstation für Wohnmobile. Gutes italienisches Restaurant Tommasi mit Gartenlokal befindet sich unmittelbar am Platz. Ganzjährig geöffnet.

In Dreieichenhain liegt vor dem Stadttor Untertor der Parkplatz Am Weiher, der auch für Wohnmobile gut geeignet ist.

Renaissanceschloss Schönborn in Heusenstamm

REICHES KULTUR- UND NATURERBE

Darmstadt und Kühkopf-Knoblochsaue

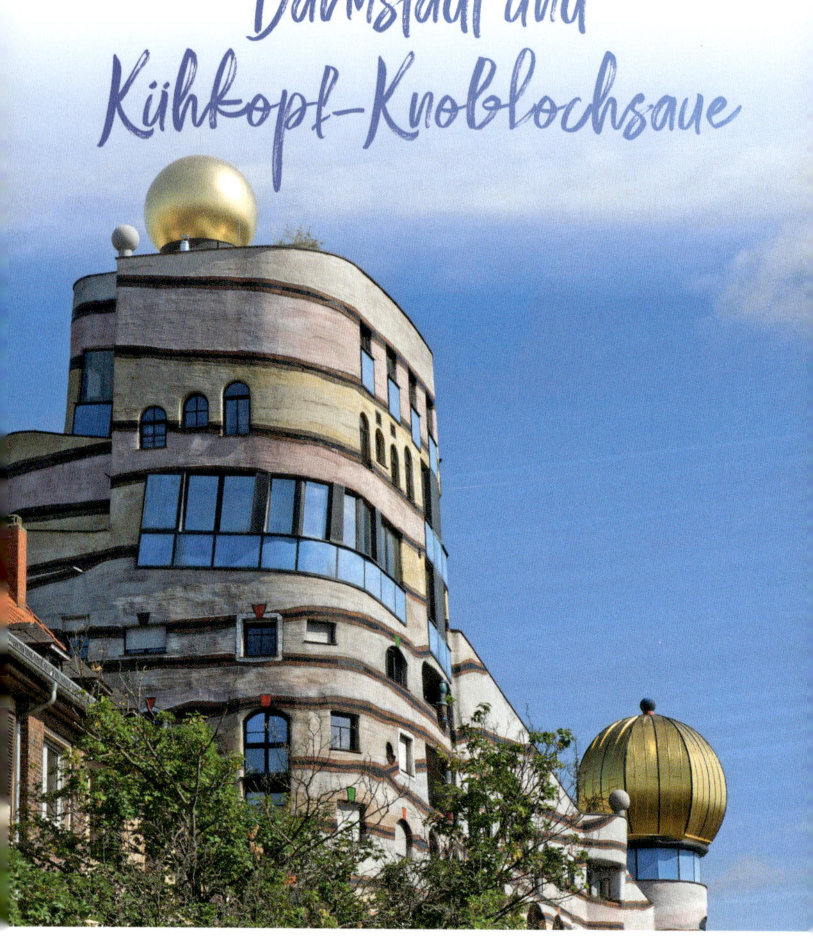

Die Waldspirale ist eines der letzten Werke von Friedensreich Hundertwasser.

13

Die ehemalige Residenzstadt Darmstadt zwischen Barock und Jugendstil ist reich an Sehenswürdigkeiten und die Mathildenhöhe Welterbestätte in spe. Die Grube Messel mit ihren sensationellen Fossilienfunden hat den Status schon inne. Im Naturschutzgebiet am Altrhein kann man wandern, radeln und die Natur genießen.

Darmstadt entstand aus einer mittelalterlichen fränkischen Siedlung. Nach der Teilung Hessens im 16. Jahrhundert wurde Darmstadt Residenzstadt der Landgrafschaft Hessen-Darmstadt und im 19. Jahrhundert Hauptstadt des Großherzogtums Hessen und bei Rhein. Unter Großherzog Ernst Ludwig erlebte die Stadt im letzten Jahrzehnt des 19. Jahrhunderts wirtschaftlichen Wohlstand und Bevölkerungswachstum und ein Aufleben von Kunst und Kultur. Letzteres stieß bei der Bevölkerung und Lokalpolitik auf wenig Gegenliebe. Die Bedeutung, die die Künstlerkolonie auf der Mathildenhöhe für die weitere Entwicklung der Kulturgeschichte haben würde, ahnten damals die wenigsten. Heute hofft man berechtigt auf die größte Ehrung durch die UNESCO als Weltkulturerbestätte.

EINSTIGE RESIDENZSTADT ÜBER JAHRHUNDERTE

99 Prozent der Altstadt und 78 Prozent der Stadt insgesamt wurden in der Bombennacht vom 11. auf den 12. September 1944 zerstört, 11 500 Menschen starben. Da die Altstadt vorwiegend aus Fachwerkgebäuden bestand, blieb von ihr nach dem Feuersturm nichts übrig, was erklärt, warum heute die Innenstadt von Nachkriegsarchitektur beherrscht wird. Trotzdem sind viele wichtige Gebäude wiederaufgebaut worden und ein Besuch der Innenstadt lohnt sich durchaus.

Am Markt befindet sich das Residenzschloss. Im 13. Jahrhundert entstand hier eine Wasserburg. Nachdem im 16. Jahrhundert das Landgrafenamt Hessen-Darmstadt gegründet worden war, wurde der Bau eines Renaissanceschlosses begonnen, ab 1715 mit dem Bau einer barocken Vierflügelanlage, die jedoch nie fertig wurde. Heute beherbergt das Schloss Teile der TU und das Schlossmuseum, das mit seiner Sammlung Einblick in das Leben der Hessen-Darmstädter Landgrafen und Großherzöge bietet. Gegenüber vom Marktplatz steht das Alte Rathaus, ein Renaissancebau von 1568, der in späteren Jahrhunderten umgebaut und erweitert wurde.

13

Westlich vom Marktplatz befindet sich der Luisenplatz mit dem Langen Ludwig, wie das Denkmal Ludewigs I. Großherzog von Hessen und bei Rhein auf der hohen Säule von den Darmstädtern genannt wird. Das Kollegiengebäude war damals der Regierungssitz und ist heute Sitz des Regierungspräsidiums.

GEGENÜBER DEM SCHLOSS BETREIBT DAS BEKLEIDUNGSHAUS HENSCHEL seit Kurzem ein modernes Café-Restaurant im obersten Stock mit tollem Ausblick auf Schloss und Friedensplatz (www.henschel-darmstadt.de/gastronomie).

MUSEEN IM ZENTRUM

Hinter dem Schloss am Friedensplatz steht das Hessische Landesmuseum, eines der ältesten öffentlichen Museen Deutschlands, heute noch ein Universalmuseum mit umfangreichen ständigen Sammlungen. Es wurde vor wenigen Jahren aufwendig und wunderschön restauriert und ist unbedingt einen Besuch wert. Nebenan steht das ehemalige Landestheater, ein klassizistischer Bau von Georg Moller, der im Krieg ausgebrannt und in den 1980ern entkernt wurde, um das Hessische Staatsarchiv unterzubringen. Dahinter erstreckt sich der Herrngarten mit dem schönen Herrngartencafé mit Biergarten, eine Oase in der Großstadt (www.herrngartencafe.de). Im hinteren Teil schließt sich rechts der Prinz-Georgs-Garten an, ein im 18. Jahrhundert nach französischen Vorbildern formal angelegter Lustgarten. Der barocke Garten schließt mit dem Prinz-Georg-Palais ab, in dem das Porzellanmuseum mit der von Ernst Ludwig gegründeten Großherzoglichen Porzellansammlung untergebracht ist.
Knapp 700 Meter nördlich von hier steht eine der wenigen architektonischen Sehenswürdigkeiten der Neuzeit. Friedensreich Hundertwasser hat sich hier mit einem seiner letzten Werke verewigt und die Wohnanlage Waldspirale erbauen lassen.
Folgt man vom Luisenplatz der Fußgängerstraße Wilhelminenstraße nach oben, kommt man zum Wilhelminenplatz mit dem im Jugendstil erbauten Alice-Denkmal vor der Runden Kirche, der Kuppelkirche St. Ludwig, 1827 von Georg Moller erbaut. Westlich erhebt sich der monumentale Bau des Hessischen Staatstheaters Darmstadt von 1972, der 2006 umfangreich

Das barocke Stadtschloss nutzt heute die Technische Universität.

saniert wurde. Das Theater hat drei Häuser und ein riesiges Foyer. In der Landgraf-Georg-Straße steht seit 1909 das Jugendstilbad, das als Städtische Badeanstalt gebaut wurde und seit der umfangreichen Sanierung 2008 um eine moderne Saunalandschaft erweitert wurde.

GESAMTKUNSTWERK DES JUGENDSTILS

Östlich der Innenstadt erhebt sich die berühmte Mathildenhöhe, die als Zentrum des Jugendstils auf die Anerkennung als UNESCO-Weltkulturerbe wartet. Der Hochzeitsturm mit seinen fünf Fingern ist von Weitem sichtbar und zeigt den Weg zur Künstlerkolonie, die von Ernst Ludwig 1899 ins Leben gerufen wurde. Ziel der Künstler sollte die Entwicklung neuzeitlicher und zukunftsweisender Bau- und Wohnformen sein. 1901 eröffneten sie die erste Ausstellung, bis 1914 gab es insgesamt vier Ausstellungen. 1833 wurde auf der Höhe ein Park im englischen Stil angelegt, von dem heute noch der Platanenhain existiert. 1897 wurde die russische Kapelle erbaut. 1880 wurde ein Wasserreservoir errichtet, auf dem sich heute die 1908 erbaute Ausstellungshalle befindet. Ebenfalls 1908 wurde der von Joseph Maria Olbrich entworfene Hochzeitsturm eröffnet, in dessen Jugendstilambiente heute standesamtliche Trauungen stattfinden. Im Ernst-Ludwig-Haus, dem gemeinschaftlichen Ateliergebäude der Künstlergruppe, befindet sich heute das Museum Künstlerkolonie. Am Südhang der Mathildenhöhe stehen heute noch einige der von Olbrich und Behrens erbauten Künstlerhäuser und weitere Jugendstilvillen.

◀ Jugendstil-Portal auf der Mathildenhöhe ▶ Das Löwentor auf der Rosenhöhe

Tipp

Mit der kostenlosen App »Mathildenhöhe Darmstadt«, die kostenlos in den App Stores erhältlich ist, kann man sich nicht nur zu den einzelnen Standorten navigieren lassen, sondern vor Ort auch aus dem aktuellen Blickwinkel mithilfe von Augmented Reality die reale Ansicht mit historischen Bildern überblenden.

KLASSIZISTISCHER GARTENTRAUM

Folgt man dem Olbrichweg in östlicher Richtung, erreicht man die **Rosenhöhe**. Den Zugang bildet seit den 1920er-Jahren das **Löwentor**, das ursprünglich als Eingangsportal zur Weltausstellung 1914 auf der Mathildenhöhe geschaffen wurde. Auf einem ehemaligen herrschaftlichen Weinberg wurde ab 1810 die Rosenhöhe als englischer Landschaftsgarten angelegt. Im Park befinden sich u. a. ein **Mausoleum** im klassizistischen Stil, ein Tee- und ein Gartenhaus und das **Rosarium**, das mit seinem Rosendom um 1900 von Ernst Ludwig angelegt wurde. Ein wichtiges Gestaltungselement des Parks ist die sich östlich erstreckende **Obstwiese**. An diese schließt sich das riesige, unbebaute **Oberfeld** an, hinter dem der wunderschöne, endlos erscheinende Stadtwald beginnt.

Mitten im Wald an der Dieburger Straße haben die Darmstädter ein kleines Naherholungsgebiet rund um den **Steinbrücker Teich** mit dem um 1901 erbauten und auch heute immer noch beliebten Ausflugslokal **Oberwaldhaus**.

Durch den prächtigen und abwechslungsreichen Mischwald kann man wunderschöne Fahrradtouren fast ohne Steigungen machen. Empfehlenswert ist auch die 60 Kilometer lange Rundtour »Rund um Darmstadt«, die vorwiegend durch Wald führt (www.darmstadt.de/leben-in-darmstadt/mobilitaet-und-verkehr/radfahren-in-darmstadt/radrouten-in-darmstadt-und-der-region).

400 JAHRE JAGDVERGNÜGEN

Im Nordosten Darmstadts dokumentiert das 1580 im Renaissancestil erbaute Jagdschloss Kranichstein 400 Jahre fürstliches Jagdvergnügen und Repräsentationsbedürfnis der Landgrafen und Großherzöge. 1918 ließ Ernst Ludwig aus seiner jagdhistorischen Sammlung ein Jagdmuseum einrichten, das man heute noch in den historischen Räumen des Jagdschlosses besichtigen kann. Dort befindet sich auch ein Hotel mit Restaurant. Im Jagdzeughaus ist ein modernes Mitmachmuseum untergebracht. Das Bioversum will der Öffentlichkeit am Beispiel des Buchenwaldes die Bedeutung der biologischen Vielfalt als Existenzgrundlage allen Lebens näherbringen.

Für Eisenbahnfans ist das Eisenbahnmuseum Kranichstein im ehemaligen Bahnbetriebswerk mit Lokschuppen samt Drehscheibe auf jeden Fall einen Besuch wert. Es ist das größte in Hessen. Besichtigungen sind nur im Rahmen von Führungen möglich (www.bahnwelt.de).

Tipp

Wer sich näher mit dem Thema Jagd beschäftigen mag, für den ist sicher der 2011 angelegte **Jagdhistorische Lehrpfad** interessant, der beim Jagdschloss beginnt und auf dem man unter anderem an historischen Jagdschirmen aus dem 18. Jahrhundert vorbeikommt.

FOSSILIENSCHÄTZE IM ÖLSCHIEFER

Weiter östlich mitten im Wald befindet sich die Fossilienfundstätte Grube Messel, die es schon 1995 auf die Welterbeliste der UNESCO geschafft hat. Jährlich werden in der Grube Messel etwa 3000 Fossilien geborgen, die fast 50 Millionen Jahre im Ölschiefer überdauert haben. Dabei handelt es sich um Pflanzen und Skelette von Tieren, die im Vulkansee lebten oder in ihm ertrunken und zu Boden gesunken sind. Die preisgekrönte Architektur des **Besucherzentrums** bietet den Gästen eine ausgesprochen interessante Ausstellung. Über unterschiedlich lange und ausführliche Führungen ist es auch möglich, die Grube zu betreten. Noch in den 1980er-Jahren wollten Darmstädter Kommunalpolitiker die Grube als Mülldeponie missbrauchen, was die Bürger aber verhinderten. Stattdessen wurde sie schon wenig später als erstes deutsches Naturdenkmal in die UNESCO-Welterbeliste aufgenommen.

NATURIDYLL AUENLANDSCHAFT AM ALTRHEIN

Am Altrhein bietet das Naturschutzgebiet **Kühkopf-Knoblochsaue** ein riesiges naturbelassenes Auengebiet zum Wandern und Radeln. Seit 1978 ist es für den Autoverkehr gesperrt. Durch die Rheinbegradigung ist 1828 die Insel **Kühkopf** entstanden, die über zwei Brücken zugänglich ist. Die besten Parkmöglichkeiten bietet der Parkplatz an der Brücke in Stockstadt (GPS: 49.81351, 8.46305). In den behutsam restaurierten Stallungen des 1580 erbauten **Hofguts Guntershausen** gleich hinter der Brücke befindet sich das Informationszentrum für das Naturschutzgebiet, in dem man in der Dauerausstellung »Mitten im Fluss« sehr anschaulich mehr über die Kultur und Geschichte dieser Auenlandschaft erfahren kann (www.hofgut-guntershausen.de).

Die **Knoblochsaue**, der andere Teil des Naturschutzgebietes, ist am besten mit dem Fahrrad über die Brücke in Erfelden zum Festland und dann links entlang des Altrheins zu erreichen. Es gibt aber auch einen Parkplatz am Rande der Knoblochsaue (GPS: 49.82735, 8.4154). Das Gebiet ist vorwiegend von Auenwald bedeckt, in dem sich die Schwedensäule versteckt, ein Obelisk aus dem Jahre 1632.

Eine ganze Reihe abwechslungsreicher Wanderwege mit diversen Schwierigkeitsgraden in unterschiedlichen Längen führen durch das wunderschöne Gebiet rund um den Fluss. Ausführliche Tipps und Empfehlungen für markierte Wanderwege über den Kühkopf findet man auf der Internetseite: www.kuehkopf.de/anfahrt/wanderungen.

AUF EINEN BLICK

Info

STADT/REGION: Darmstadt
BESTE REISEZEIT: Frühling bis Herbst
OPTIMALE REISEDAUER: 2 bis 3 Tage
TOURISTINFO: Touristinformation
im Darmstadt Shop im Luisencenter, Luisenplatz 5,
64283 Darmstadt, Tel. 06151/13 45 13,
www.darmstadt-tourismus.de

SEHENSWÜRDIGKEITEN

SCHLOSSMUSEUM: Schlossmuseum Darmstadt,
Residenzschloss, Marktplatz 15, 64283 Darmstadt,
Tel. 06151/240 35, info@schlossmuseum-darmstadt.de,
www.schlossmuseum-darmstadt.de
HESSISCHES LANDESMUSEUM: Friedensplatz 1, 64283 Darmstadt,
Tel. 06151/165 70 00, info@hlmd.de, www.hlmd.de
PORZELLANMUSEUM: Schlossgartenstr. 10, 64289 Darmstadt,
Tel. 06151/71 32 33, www.porzellanmuseum-darmstadt.de
HESSISCHES STAATSTHEATER DARMSTADT:
Georg-Büchner-Platz 1, 64283 Darmstadt, Tel. 06151/281 16 00,
www.staatstheater-darmstadt.de

◀ Im Besucherzentrum der Grube Messel ▶ Mosaik im Hochzeitsturm

AUF EINEN BLICK

JUGENDSTILBAD: Mercksplatz 1, 64287 Darmstadt,
Tel. 06151/95 15 60, info@jugendstilbad.de, www.jugendstilbad.de
MUSEUM KÜNSTLERKOLONIE: Olbrichweg 15, 64287 Darmstadt,
Tel. 0615/13 28 08, mathildenhoehe@darmstadt.de,
www.mathildenhoehe.eu
JAGDSCHLOSS KRANICHSTEIN: Kranichsteiner Str. 261,
64289 Darmstadt, Tel. 06151/97 11 18-88,
anfrage@jagdschloss-kranichstein.de,
www.jagschloss-kranichstein.de
EISENBAHNMUSEUM KRANICHSTEIN: Steinstr. 7, 64291 Darmstadt,
Tel. 06151/37 76 00, info@bahnwelt.de, www.bahnwelt.de
GRUBE MESSEL: Roßdörfer Str. 108, 64409 Messel,
Tel. 06159/71 75 90, service@welterbe-grube-messel.de,
www.grube-messel.de

Vor dem Zeughaus in Kranichstein befindet sich ein großer als Wanderparkplatz beschilderter Platz, der sich auch für Wohnmobile eignet.

◀ Das Alice-Denkmal vor der runden Kirche
▲ Das Jugendstilbad in Darmstadt ▼ Wohnmobilstellplatz Messel

CAMPINGPLATZ AM STEINRODSEE

ADRESSE: Triftweg 33, 64331 Weiterstadt, Tel. 06150/535 93, www.camping-steinrodsee.de

ANFAHRT: Von Süden A 5 Ausfahrt Weiterstadt, auf die B 42 Richtung Darmstadt, Abzweigung nach links nach Gräfenhausen, dort an der Kreuzung rechts in die Schneppenhäuser Straße, links abbiegen Richtung Steinrodsee und Campingplatz. Von Norden A 5 Ausfahrt Langen/Mörfelden Richtung Mörfelden-Walldorf, an der Kreuzung links auf die B 44, am Kreisverkehr links nach Gräfenhausen, dort links abbiegen Richtung Ortsmitte, links abbiegen zu Campingplatz und Steinrodsee.

GPS: 49.94437, 8.60452

Von Dauercampern geprägter netter Campingplatz an einem Baggersee ohne Bademöglichkeit in Hörweite der Autobahn. Ebenes Wiesengelände mit einigen Bäumen. 124 Dauercamper, 59 Plätze für Urlauber. Imbiss und Café, gut ausgestattete, saubere Sanitäranlagen, kostenlose Duschen mit abnehmbaren Brausen, Haartrockner. Spielplatz, Brötchenservice. Keine Ver- und Entsorgungsstation für Wohnmobile. April bis Oktober geöffnet.

WOHNMOBILSTELLPLATZ MESSEL

ADRESSE: Am Sportplatz 1, 64409 Messel

ANFAHRT: A 5 Ausfahrt Weiterstadt, auf B 42 Richtung Darmstadt, der B 42 folgen bis kurz vor Messel, dort rechts auf L 3317 abbiegen, nächste Abzweigung links nach Messel, im Ort erste Straße links, dann rechts auf Bornweg und wieder links zum Sportplatz.

GPS: 49.9389, 8.73808

Netter kleiner, kostenloser Stellplatz für vier Wohnmobile beim Sportplatz. Wenn sie belegt sind, kann man auf benachbarte Flächen ausweichen. Stromanschlüsse, Ver- und Entsorgung, Müllentsorgung. Wiesenstreifen kann für Aufenthalt genutzt werden. Vier Kilometer zum Besucherzentrum Grube Messel, 5,5 Kilometer nach Kranichstein, mit Linienbus nach Darmstadt Stadtmitte in 30 Minuten. Zwei Restaurants in Messel. Ruhige Lage am Ortsrand. Ganzjährig nutzbar.

GRENZLAND ZU BAYERN

Seligenstadt, Aschaffenburg, Gross-Umstadt

Schloss Johannisburg in Aschaffenburg

Auf Grenzgängertour zwischen dem Bilderbuchstädtchen Seligenstadt, dem letzten hessischen Ort am Main, Aschaffenburgs Schlössern und Parks, Groß-Umstadts entzückender Altstadt und den kleinen Weinbergen am Rande des Odenwalds und schließlich dem mittelalterlichen Babenhausen mit dem idyllischen Stellplatz an der Mühle.

Seligenstadts Geschichte reicht bis in die Zeit der Römer zurück, die auf dem Gebiet der heutigen Altstadt ein Kastell zum Schutz des Limes entlang der Mainlinie betrieben. Die erste urkundliche Erwähnung geht auf das Jahr 815 zurück, als Einhard, eine der herausragenden Gestalten der Karolingerzeit, die Ortschaft von Karl dem Großen für seine Verdienste geschenkt bekam. Er begann mit dem Bau eines Klosters und der nach ihm benannten Basilika, die heute Wahrzeichen Seligenstadts ist. Im 13. Jahrhundert wurde der Chorraum der Einhardbasilika erweitert und die Vierung erhielt einen achteckigen Turm. 1725 wurde sie barockisiert und im 19. Jahrhundert das Westwerk neoromanisch umgestaltet. Das Kloster wurde fast 1000 Jahre von Benediktinermönchen bewohnt und ist heute noch von einer 700 Meter langen Mauer umgeben. Beliebt bei den Besuchern ist der barocke Klostergarten, der einen Postkartenblick auf die Anlage bietet.

Tipp

Von Mai bis September ist die historische Klostermühle von 1574 auf dem Klostergelände immer am Sonntagnachmittag in Betrieb. Fans von frisch gebackenem Brot sei empfohlen, donnerstags am Vormittag zu kommen. Dann wird dort das berühmte Klosterbrot nach alter Rezeptur gebacken und verkauft.

DAS KLOSTERCAFÉ empfiehlt sich für eine Pause bei Kaffee und Kuchen in den prunkvollen barocken Räumen oder bei gutem Wetter an der frischen Luft an der frischen Luft auf der weitläufigen Terrasse, um dabei eine fast klösterliche Ruhe und den ungetrübten Blick über den herrlichen Klostergarten zu genießen.

14

NACH EINEM KLEINEN, CA. 20-MINÜTIGEN SPAZIERGANG am Ufer des Mains flussaufwärts gelangt man zur Wasserburg, der Sommerresidenz der Äbte. Das im Jahr 1708 eingeweihte Schlösschen der charmanten Barockanlage lohnt einen Besuch.

MITTELALTERLICHES AM MAIN

Unten am Mainufer, wo die kleine Fähre auf die bayerische Seite übersetzt, stehen die Überreste des Palatiums, eines Königshofs, der anlässlich der Verleihung der Stadtrechte unter Kaiser Friedrich Barbarossa erbaut wurde. Ein Stück weiter flussabwärts ragt der Pulverturm auf, 1462 als Wehrturm erbaut. In der Altstadt steht in der Palatiumstraße das Romanische Haus. Das Wohnhaus ist das älteste weltliche Gebäude der Stadt und wurde vermutlich 1187 für einen Vogt des Kaisers Friedrich Barbarossa erbaut.

Tipp

Immer mittwochs und samstags von 8 bis 13 Uhr findet der **Wochenmarkt** vor der malerischen Fachwerkkulisse des Marktplatzes statt. Lassen Sie sich von dort aus durch die malerischen Altstadtgassen treiben mit ihren über 170 Kulturdenkmälern und den zahllosen Fachwerkhäusern.

Romantisches Idealbild einer mediterranen Landschaft mit Pompejanum

Kloster Seligenstadt mit Klostergarten und Einhardsbasilika

MEDITERRANE IDYLLE

Ca. 16 Kilometer flussaufwärts ließ Bayernkönig Ludwig I. 1848 an den Hängen des Mains bei Aschaffenburg die ideale Nachbildung eines römischen Hauses errichten. Angeregt durch die Ausgrabungen in Pompeji nannte er es Pompejanum. Nach antiken Vorbildern bemalte Innenräume gruppieren sich um zwei Atrien. Heute sind in Vitrinen zusätzlich antike Ausstellungsstücke der Münchner Glyptothek zu sehen. Nach und nach wurde am Hang ein Garten mit teils mediterranen oder ihnen ähnelnden Pflanzen und schließlich ein Weinberg angelegt, um das romantische Idealbild einer mediterranen Landschaft zu erzeugen. Einen besonders schönen Blick auf dieses gelungene Werk hat man vom Fuße des Schlosses Johannisburg. In dieses Bild fügt sich besonders malerisch der schon 1782 erbaute Frühstückstempel.

Das Schloss Johannisburg kennt jedermann, zumindest von Kalenderbildern. Die riesige Vierflügelanlage, 1605 bis 1614 vom Kurerzbischof Johann Schweikard von Kronberg errichtet, ist eines der bedeutendsten Renaissanceschlösser in Deutschland. Im Zweiten Weltkrieg wurde das Schloss stark beschädigt. Heute kann man wieder die Schlosskirche und die fürstlichen Wohnräume mit den noch erhaltenen klassizistischen Möbeln und Ausstattungsstücken besichtigen. Außerdem gibt es eine ungewöhnliche Sammlung von Architekturmodellen aus Kork zu sehen, die der Hofkonditor mit seinem Sohn Ende des 18. Jahrhunderts geschaffen hat. Ferner hat die Staatsgalerie mit altdeutscher und niederländischer Malerei hier eine Dependance errichtet und das Schlossmuseum der Stadt Aschaffenburg zeigt seine Sammlung mit Kunstwerken und historischen Zeugnissen aus sechs Jahrhunderten.

Tipp

Eine kleine Empfehlung für alle Besucher, die motorisiert ankommen: In der Ziegelbergstraße direkt neben dem **Pompejanum** kann man am Straßenrand mit Parkscheibe zwei Stunden recht gut parken. Den Parkplatz am Eingang zum **Park Schönbusch** erreicht man über die Darmstädter Straße B 26.

◀ Der Pulverturm in Seligenstadt ▶ Die Türme der Einhardsbasilika

Prächtige Fachwerkgasse in Seligenstadt

KLASSIZISMUS IM PARK SCHÖNBUSCH

In knapp drei Kilometern Entfernung auf der anderen Mainseite liegt der Park Schönbusch. Er ist einer der ältesten Landschaftsgärten in Deutschland. Ab 1775 ließ der Mainzer Erzbischof Friedrich Carl von Erthal seinen Wildpark im englischen Landschaftsstil umgestalten. Von 1778 bis 1782 baute er den klassizistischen Kurfürstlichen Pavillon, der heute Schloss Schönbusch genannt wird. Er ist über eine Sichtachse mit dem Schloss Johannisburg verbunden. Künstliche Seen und Wasserläufe wurden angelegt, Brücken gebaut und Hügel aufgeschüttet. Bis zur Fertigstellung 1789 kamen noch Wirtschaftsgebäude, die Hirtenhäuser und das Dörfchen als ländlich-pittoreske Staffagen, der Freundschaftstempel, das Philosophenhaus, der Aussichtsturm, der Irrgarten, der Speisesaal und die Rote Brücke hinzu. Das Besucherzentrum im Küchenhaus ist von April bis September an den Wochenenden geöffnet. Auch kulinarisch wird man hier im Restaurant & Bistro mit schöner Terrasse und einem separaten traditionellen Biergarten bestens versorgt (www.schoenbusch-ab.de).

Ehemaliges Hofanwesen von 1761 neben dem Rathaus in Groß-Umstadt

AM RANDE DES ODENWALDS

Groß-Umstadt, an den Ausläufern des Odenwalds gelegen, ist ein Städtchen mit ca. 10 000 Einwohnern (ohne Eingemeindungen), das 1263 Stadtrechte erlangte. 1605 wurde das Renaissance-Rathaus eingeweiht, das für seine Zeit besonders imposant den Marktplatz und seine Umgebung überragte. Das zweite imposante Gebäude am Markt ist die evangelische **Stadtkirche**, die zwischen dem 13. und 15. Jahrhundert erbaut wurde und deren Vorgängerbauten aus merowingischer Zeit das Fundament einer römischen Villa mit einschlossen. Innen ist sie reich an Kunstschätzen. Die ganze Szenerie kann man wunderbar von einem der Lokale am Marktbrunnen aus betrachten.

Im Bereich der Altstadt findet man heute noch sechs von ursprünglich sieben Schlössern und Adelssitzen. Im Eingangsbereich des Rathauses liegen Flyer aus, von denen man sich durch die Altstadt führen lassen kann. An 21 historischen Gebäuden sind Tafeln angebracht, die Interessantes erzählen.

MITTEN IN DER ALTSTADT BEFINDET SICH das traditionsreiche Restaurant-Weinstube Brücke-Ohl mit eigenem Weingut, das schon im Mittelalter eine Schanklizenz besaß. Sogar der Schinderhannes soll hier eingekehrt sein.

AUCH DURCH DIE WEINBERGE GIBT ES EINEN LEHRPFAD mit 24 Tafeln. Eine Wanderung durch die Rebhänge mit ihren vielen Wingerthäuschen ist auf jeden Fall wunderschön, zumal man von dort einen fantastischen Blick auf die Landschaft hat.

Tipp

In Groß-Umstadt sollte man unbedingt die lokalen Weine probieren. In dem winzigen Weinbaugebiet wachsen zahlreiche verschiedene Rebsorten, aus denen hervorragende Weine gekeltert werden. Eine Verkostung in der Winzergenossenschaft (www.vinum-autmundis.de) oder bei einem der Winzer ist auf jeden Fall lohnenswert.

Marktplatz von Groß-Umstadt mit Rathaus und Kirche

14

MALERISCHES BABENHAUSEN

Babenhausen ist ein weiteres zauberhaftes mittelalterliches Städtchen, das es zu entdecken gilt. Die Stadt heißt Wohnmobilfahrer besonders freundlich willkommen. In idyllischer, ruhiger und zentraler Lage an der Stadtmühle trifft man auf einen kostenlosen Stellplatz mit voller Ausstattung.

Die Stadt erhielt 1295 Stadtrechte, was mit Marktrecht, eigenem Stadtgericht sowie dem Bau von Befestigungsanlagen verbunden war. Zwei Türme der Befestigungsanlage und ein Teil der Mauer sind heute noch erhalten. Im 17. Jahrhundert wurde die Stadt im Dreißigjährigen Krieg durch Belagerungen, Plünderungen und die Pest besonders gebeutelt. Im 18. Jahrhundert stritten sich die Landgrafen von Hessen-Darmstadt und Hessen-Kassel um das Erbe der Grafen von Hanau-Lichtenberg, wonach Hessen-Kassel den Zuschlag bekam. Unter Napoleon wurde Babenhausen dann doch dem Darmstädter Großherzogtum Hessen und bei Rhein zugeschoben.

◀ Hexenturm und ältestes Wohnhaus Babenhausens

▶ Das Territorialmuseum in Babenhausen

Burgmannenhaus und Breschturm in Babenhausen

Das **Schloss**, das als Wasserburg angelegt war, hat ebenfalls eine lange, wechselvolle Geschichte, deren Anfänge im 12. Jahrhundert liegen. Im Laufe der Jahrhunderte diente es als Residenz und später als Militärgefängnis, Garnison, Lazarett, Forschungsanstalt und Altersheim. Nun soll es in ein Hotel umgebaut werden, was sich aber noch Jahre hinziehen kann, weshalb es solange auch nicht zu besichtigen ist.
Die **Fahrstraße** mit ihren Patrizierhäusern ist die Hauptstraße der Altstadt, an der der **Marktplatz** mit dem **Rathaus**, der mittelalterlichen **Stadtkirche** und dem ältesten Gasthof Schwartzer Löwe liegt. Das Kircheninnere mit dem holzgeschnitzten Renaissancealtar und den Malereien an den Wänden und der Decke von 1620 ist äußerst sehenswert. Die Hausnummern 28 bis 33 in der **Amtsgasse** gehören zu schönen Herrenhäusern. Das ehemalige Amtshaus der Gaylinge von Altheim von 1555 in derselben Straße wurde saniert und das **Territorialmuseum Babenhausen** eingerichtet, wofür es mit dem Hessischen Denkmalschutzpreis sowie dem Deutschen Fachwerkpreis ausgezeichnet wurde. Neben dem **Breschturm**, der seinen

In den Weinbergen von Groß-Umstadt

Namen dem Treffer einer Kanonenkugel im Dreißigjährigen Krieg zu verdanken hat, steht der **Burgo**, ein Renaissancebau von 1544, in dem das Herrengeschlecht derer von Babenhausen residierte. Das älteste Haus Babenhausens ist das **Fachwerkhaus Willand**, ein spätmittelalterliches Burgmannenhaus von 1442. Daneben ragt der **Hexenturm** auf, ursprünglich Mühlenturm genannt. Er diente als Wehrturm und auch als Gefängnis. Die benachbarte **Stadtmühle** liegt hinter der Stadtmauer und diente bis ins 19. Jahrhundert als Kornmühle. Seit 1973 erzeugt sie Strom.

BABENHAUSEN IST EIN GEEIGNETER STARTPUNKT für die wunderschöne Fahrradrundroute »Rhein-Main-Vergnügen 5«, die Babenhausen, Groß-Umstadt und Dieburg auf einer 45 Kilometer langen Tour mit nur wenigen Steigungen verbindet. Sie ist durchgehend mit dem entsprechenden Radwegsymbol beschildert. Eine detaillierte Karte mit vielen Informationen und den Sehenswürdigkeiten kann man kostenlos beim RMV bestellen (freizeit@rmv.de) und von der Internetseite des RMV als PDF herunterladen (www.rmv.de > Freizeit > Rhein-Main-Vergnügen).

AUF EINEN BLICK

Info

STADT/REGION: Südosten

BESTE REISEZEIT: Frühling bis Herbst

OPTIMALE REISEDAUER: 2 Tage

TOURISTINFO: Tourist-Info Seligenstadt, Aschaffenburger Str. 1 (Einhardhaus) , 63500 Seligenstadt, Tel. 06182/87 80-10, -20, -30, touristinfo@seligenstadt.de, www.seligenstadt.de
Tourist-Information Aschaffenburg, Schlossplatz 2, 63739 Aschaffenburg, Tel. 06021/39 58 00, tourist@info-aschaffenburg.de, www.info-aschaffenburg.de
Stadtverwaltung Babenhausen, Marktplatz 2, 64832 Babenhausen, Tel. 06073/602-0, info@babenhausen.de

SEHENSWÜRDIGKEITEN

POMPEJANUM:
Pompejanumstr. 5, 63739 Aschaffenburg, Tel. 06021/21 80 12, www.schloesser.bayern.de/deutsch/schloss/objekte/as_pom

SCHLOSS JOHANNISBURG:
Schlossplatz 4, 63739 Aschaffenburg, Tel. 06021/386 57-0, www.schloesser.bayern.de/deutsch/schloss/objekte/as_joh

TERRITORIALMUSEUM BABENHAUSEN:
Amtsgasse 32, 64832 Babenhausen, www.hgv-babenhausen.de/territorialmuseum

◀ Wohnmobilstellplatz Babenhausen ▶ Einhardsbasilika Seligenstadt

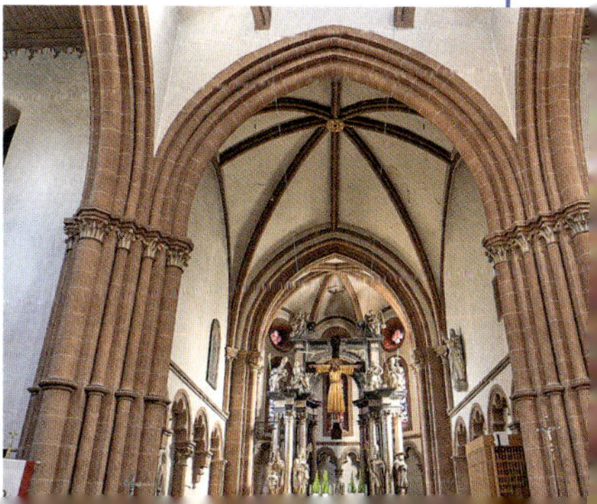

AUF EINEN BLICK

WOHNMOBILSTELLPLATZ BABENHAUSEN

ADRESSE: Amtsgasse 47, 64832 Babenhausen, www.babenhausen.de

ANFAHRT: A 3 Ausfahrt Hanau auf die B 45 Richtung Dieburg, bei Rodgau Ausfahrt Richtung Babenhausen, in Babenhausen am Kreisverkehr rechts, auf Seligenstädter Straße rechts halten, nächste rechts abbiegen auf Ziegelhüttenstraße, dritte links auf Westring, dann trifft man auf die Amtsgasse, dort rechts und nach 40 Metern links über Parkplatz und kleine Brücke, dann links durch Stahltor. Im Navi Amtsgasse 47 eingeben und dort gegenüber auf den Parkplatz abbiegen.

GPS: 49.96055, 8.95003

Kleiner, idyllischer und kostenloser Stellplatz für sechs Wohnmobile in idealer, schöner und ruhiger Lage, zentrumsnah. Ebene Stellplätze auf Rasen, schattig durch hohe Bäume, direkt am Mühlkanal an der Stadtmauer der Altstadt. Stromanschlüsse, Ver- und Entsorgung mit Bodeneinlass beim Parkplatz an der Zufahrt. Ganzjährig nutzbar.

WOHNMOBILSTELLPLATZ ASCHAFFENBURG

ADRESSE: Darmstädter Straße/Großostheimer Straße, 63741 Aschaffenburg

ANFAHRT: A 3 von Westen Ausfahrt Aschaffenburg-West auf die B 8 nach Aschaffenburg, Ausfahrt B 26 Richtung Darmstadt, nächste Abzweigung links, nächste rechts und gleich wieder links zum Stellplatz. Von Richtung Osten A 3 Ausfahrt Aschaffenburg-Ost in Richtung Aschaffenburg, immer geradeaus, auf B 26 über die Mainbrücke, die nächste links, wieder rechts und gleich wieder links zum Stellplatz.

GPS: 49.97033, 9.13843

Gebührenpflichtiger Stellplatz für 30 Wohnmobile, ebener, befestigter Untergrund, ruhige Lage. 18 Stromanschlüsse vorhanden. Ver- und Entsorgung am gegenüberliegenden Mainufer unter der Adenauerbrücke (GPS: 49.96608, 9.13966). Schloss und Innenstadt sind in zehn Minuten zu Fuß erreichbar.

Campingplatz und Badesee Mainflingen

WOHNMOBILSTELLPLATZ SELIGENSTADT

ADRESSE: Am Schwimmbad/Zellhäuser Straße, 63500 Seligenstadt

ANFAHRT: A 3 Ausfahrt Seligenstadt auf A 45, nächste Ausfahrt Mainhausen nach Seligenstadt, zweite Kreuzung (nach langer Linkskurve) rechts auf die Zellhäuser Straße, zweite Straße rechts zum Schwimmbad.

GPS: 50.03627, 8.98391

Kostenloser Stellplatz für vier Wohnmobile am Ende des Parkplatzes am Schwimmbad, eben, asphaltiert, für Dickschiffe geeignet. Kein Strom, keine Ver- und Entsorgung. Schwimmbad und Minigolfplatz nebenan. Ein Kilometer zu Altstadt und Kloster.

SEECAMPING MAINFLINGEN

ADRESSE: Seefeld 11, 63533 Mainhausen, Tel. 06182/82 50 52, info@seecamping-mainflingen.de, www.seecamping-mainflingen.de

ANFAHRT: A 3 Ausfahrt Seligenstadt auf A 45, nächste Ausfahrt Mainhausen Richtung Seligenstadt, erste Kreuzung rechts, Kreisverkehr geradeaus (Achtung Blitzer), nächste rechts und wieder rechts in die Seestraße. Einfahrt auf der rechten Seite.

GPS: 50.02387, 9.01973

Direkt an einem Badesee schön und ruhig gelegener, gut ausgestatteter und gut geführter Campingplatz, freundliche Leitung. 280 Dauercamper, 105 Plätze für Urlauber. Moderne und saubere Sanitäranlagen. Eigener breiter Sandstrand am See mit FKK-Bereich. Ganzjährig geöffnet, in den Sommerferien wird Reservierung empfohlen.

ORTS- UND SACHREGISTER

STELL- UND CAMPINGPLÄTZE

IMPRESSUM

Verantwortlich: Kerstin Thiele
Lektorat: Mareike Weber
Layout- und Umschlaggestaltung: Helene Schumacher
Satz: Silke Schüler
Repro: LUDWIG:media
Kartografie: Huber Kartografie
Herstellung: Anna Katavic

Printed in Slovenia by Florjancic

Unser komplettes Programm finden Sie unter www.bruckmann.de

★★★★★

Sind Sie mit diesem Titel zufrieden? Dann würden wir uns über Ihre Weiterempfehlung freuen. Erzählen Sie es im Freundeskreis, berichten Sie Ihrem Buchhändler, oder bewerten Sie bei Onlinekauf. Und wenn Sie Kritik, Korrekturen, Aktualisierungen haben, freuen wir uns über Ihre Nachricht an Bruckmann Verlag, Postfach 40 02 09, D-80702 München oder per E-Mail an lektorat@verlagshaus.de.

In diesem Buch wird aus Gründen der besseren Lesbarkeit das generische Maskulinum verwendet. Weibliche und anderweitige Geschlechteridentitäten werden dabei ausdrücklich mitgemeint, soweit es für die Aussage erforderlich ist.

Bildnachweis: Alle Bilder stammen vom Autor.
Illustrationen: Shutterstock/Tiwat K: passim.

Umschlagvorderseite: Kirschblüte in Wiesbaden Frauenstein
Umschlagrückseite: Wohnmobil auf Streuobstwiese in der Wetterau

Die Deutsche Nationalbibliothek verzeichnet diese Publikation in der Deutschen Nationalbibliografie; detaillierte bibliografische Daten sind im Internet über http://dnb.d-nb.de abrufbar.

ISBN 978-3-7343-2022-4